生命の言葉
365

オムラーム・ミカエル・アイバノフ 著
Omraam Mikhaël Aïvanhov

田中響子・北村未央 共訳

太陽出版

生命の言葉365

DAILY MEDITATIONS
Tome 1
by Omraam Mikhaël Aïvanhov

はじめに

毎朝、これからはじまる1日のために、静かで平穏と調和のあるひとときを持ってください。そして、創造主に祈りや瞑想を通して、あなたの新しい1日を捧げるために、あなた自身を同調させるのです。

はじめがすべてにとってたいせつです。はじめに新しい力が準備され、方向性が定められます。もしも私たちが賢くうまく行動をしたければ、その状態に光をあてることから始めることです。皆、暗がりの中で始動したいとは考えません。まず灯《ともし》をつけて、見えるようになってから始めるのです。どの分野にも同様の原理をあてはめることができます。何をするか、どうするかを学ぶためにはスイッチをオンにしなければなりません。言い換えれば、集中し、自分自身の内側を見つめるのです。この光がなければ道に迷ってしまい、たくさんの間違ったドアを叩くことになるでしょう。そうなれば、何ら価値のあることを達成することはないでしょう。

朝、最初に考えたことが、それが意識的であったにせよそうでないにせよ、私たちのその後幾日かの方向性を決定づけます。自分の行く道にゴミを撒《ま》き散らすか、はたまたきれいにするかはあなた次第です。

秘儀の科学の生徒たちは、どのように1日を迎えれば、神の恵みを豊かに得られるか知っています。ですから、彼らは喜びを周りにも分け与えるのです。彼らは1日をひとつの基本的な思考で始めると、他の思考はそれに合わせて1日を運んでくるのだということ、そしてそれが重要であることを知っています。

もしもあなたの視野が決定づけられたゴールや理想、明確な方向づけにしっかりと固定されているのであれば、すべての活動は徐々に自らの理想の実現へと貢献する形に落ち着いてゆくことでしょう。たとえ否定的で排他的な思考や感情があなたに潜入しようとしたり、神聖な世界への奉仕が捻じ曲げられようとしたとしてもです。そうです。それらですら、あなたが選んだ方向に従うことを強いられるのです。この基本的な思考のおかげで、あなたの頭と心は朝一番に定められ、あなたの1日は「生命の書」に記録されるのです。

私たちが行うことは何もかも記録されているので、ひとたび輝かしい1日、永遠の人生の1日を生きたなら、その日が記録されるだけでなく、決して死なないだけでなく、それは他の日々を追いかけて同じようになるように努力するでしょう。

たった1日だけでも、できる限りの生き方をしてみてください。そうすれば残りの日々にも影響を与えます。その1日は残りの日々に宣誓するよう、例にならうように説得するはずです。そうすれば、順序よく調和して、うまくバランスがとれるようになるでしょう。

オムラーム・ミカエル・アイバノフ

Day 1

光の道の果てに見いだすものは言い表せないほどのもの

・
・
・

新しいシーズンの初日には、成功と幸せの約束だけを聞きたいでしょうが、私が今から話すことはそれだけではありません。生命とは一瞬一瞬が繋がれている長い鎖のようなもので、その瞬間を意識しながら生きるものです。私が伝えるのは「あなたの未来の幸福は毎日の積み重ねにある」という真実だけです。

あなたの霊的な修練は、すべて高次元にある「生命の書」に記録されます。日々積み重ねていく努力によって、どれほど多くの祝福があなたのために用意されることでしょう。

そして、その祝福を受け取るとき、〝どうしてこんなにたくさんのものが自分に？〟と思うかもしれませんが、それは**あなたが努力をして光の域まで昇り、苦悩と暗闇の世界にいた者たちに光と平和をもたらした結果**なのです。

これ以上何も言うことはありません。たゆまず光の道を歩き続けてください。その道の果てに何があるかはたどり着けば分かります。きっと輝きで目が眩《くら》むほどでしょう。

Day 2

予測不可能な出来事には内面世界の秩序の確立が鍵

・・・

生命とは絶え間ない変化です。今日この日の行いが、昨日の行いの続きにすぎないとしても、この2日間が同じように過ぎることは決してなく、1日で多くのことが変わります。私たちは仕事や家族や社会のさまざまな変化に適応していかなければなりません。その準備がなければ、不意を突かれることになります。そして予期せぬ状態から、不確実性や動揺、混乱が生まれるでしょう。

日々、解決すべき新たな問題が起こります。昨日の出来事を解決できずに、どうして今日の出来事を解決できるでしょうか。明日のことは、今日の精神的な生き方が基礎となります。外の世界で経験することをどう感じるかは、あなたがどれだけ内面の世界に秩序を与えられるかにかかっています。秩序を確立できれば、物事に対する認識にも反映されます。明日になれば、これから起こりうる出来事に対しての心づもりと覚悟ができるでしょう。

Day 3

創造は、人間が天の父に近づくために必要なこと

・・・

創造とはすべての人間の本能において、間違いなく最強のもののひとつです。人には天の父に近づくという使命があります。子どもをつくらないのであれば、芸術作品を創るとよいでしょう。

芸術によって人の創造に対する欲求は、種の保存目的である「子づくり」という単なる生殖の上にあるということを学びます。創造への欲求は、さらに遠くへ、常に新しい形、より美しい形、より完成された形を見つけるかのように現れます。人間の創造力は普段の意識の次元に比べて、より高いところにあるのです。

それは人の魂の中に存在しますが、ここが創造の瞬間にはアンテナのように働き、自分よりずっと高みにある現実を探索、熟視し、その要素を捉える力を備えています。自らの限界を乗り越え、己を凌駕《りょうが》できて初めて、人は創造していると宣言することができるのです。

Day 4

実現不可能な夢が私たちを満足させる

・・・

願っていたものを手に入れるのは心底幸せなことですか？　それで本当に満足しますか？　少しの間はそうかもしれませんが、しばらくすると喪失感を感じ、再び何か物足りない気分になるのではないでしょうか。

この経験から引き出せる結論は、人は実現不可能な願望を持つべきだということです。この願望があれば、常に幸せでいられるでしょう。もう少し説明をすると、魂《ソウル》と精神《スピリット》の領域には限界がなく、人間は思考と願望を通して無限の可能性に繋がることができます。限界を感じることがあれば、それは自分自身が設けたからです。ですから、どうか実現不可能だと思われる夢を抱いてください。そうすればスピリチュアル（＊訳注）な人生を通して、願望と思考は純粋かつ光り輝くものとなり、宇宙の彼方の高みにまで昇りつめ、その性質に完全に合う存在と要素に出会うでしょう。

そして、あなたは徐々にこれらの要素を自分へと引き寄せて、いつでも喜びに満たされるようになってゆくでしょう。

Day 5 私たちも加わるべき大宇宙の調和

・・・

大宇宙の叡智は各生物に特定の音を与え、それぞれの生物が全宇宙の交響曲に加わることができるようにしました。創造主は、人間に自由意志を授けたため、人間だけがこの交響曲から唯一抜け出すことが可能になりましたが、その本能、情念、気まぐれの赴《おもむ》くままに身を任せてしまうと、どんどん宇宙の交響曲から遠ざかり、その祝福を自ら断ってしまうことになるでしょう。

人類が統一と和を自らの存在と努力の目的に定めるようになれば、その意識は拡大されます。人類が再びすべてと共振・共鳴することで運河は再構築され、そこから宇宙の最も純粋なエネルギーが再び人びとの内に流れはじめ、いま一度、活力を与えることになるでしょう。

Day 6 心を神に開くことは、万物に対しても開くこと

・・・

個々の人間の内側には、空間とでも呼べる何かが存在し、唯一神を除いては、何にも誰に

もそれを埋めることはできません。この空間は心《ハート》と呼ばれ、たとえ生物すべてを迎え入れても、どんな物で詰めても、なお隙間は残り、物足りなさ、喪失感を感じさせるでしょう。

神だけが無限で永遠で、その偉大さによってこの穴を埋めることができます。神をあなたの心の中に迎え入れることができれば、その存在のおかげであらゆる生物もすべての物質もあなたに喜びをもたらしてくれることでしょう。

ですから、自分を造った存在に心を開くことから始めてください。そうすれば他の創造物すべてを受け入れる場所ができるでしょう。あなたはこれらの創造物を歓迎し、今後二度と孤独とも見捨てられたとも感じることはなくなります。

Day 7 愛とは流れるべきもの

・・・

愛する人が自分のことを愛してくれるかどうかと思い悩んではなりません。愛は人から人へとまわり流れるものだからです。あなたが受け取れば、それを誰かに与えなければなりません。あなたの愛する人に与えた愛は、次へと受け継がれてゆきます。

このように連鎖が形成され、何千という男女を通じてあなたのもとに帰ってきます。お互いの愛だけで満足してしまう人がいますが、これでは流れは途絶えてしまうでしょう。人を1本のロープでつながった登山のパーティに見なすと、1人ひとりが登り続けている間、ロープはピンと張られていなければなりません。あなたが前の人に「愛しています。振り向いて私を見て」と言えば、あなたは列全体の動きを妨害することになります。

振り向くことでロープが緩み、前の人や後からついてくる人の進行を妨げることになります。各自が一連の同じ動きの方向に向かわなければなりません。道の途中で互いの顔を見つめあい、しゃべるために立ち止まってはなりません。休むことなく常に頂上を目指して、みんなで一緒に登り続けなければならないのです。日々の生活では、このことを思い起こす機会が数限りなくあるでしょう。

Day 8　感謝は真の知識への扉を開く

・・・

苦しみも喜びも、あなたの身に起こることすべてに自己開花と生命の理解のために気づくべきものがあります。感謝こそが真実の知識の扉を開く鍵なのだと理解してください。

朝起きるときはまずこう言ってください。「神よ、今日も生命を与えてくれて感謝します。

そのおかげであなたの栄光、あなたの地上の王国のためにあなたに仕え、あなたの意思を達成することができます」と。

この言葉を唱えるだけで、天の加護はすでにあなたとともにあります。これからの1日を、正しく観望し、起こりうる出来事に対する正しい姿勢をとることができます。良い知らせやあなたを喜ばせる出来事のあった後だけ「神よ、感謝します」と言うのでは不十分です。いつでもどこででも感謝の心を持つことを学びましょう。あなたの愛する人に与えた愛は次へと受け継がれてゆきます。

Day 9 精神的な豊かさとは、私たちの内にある守るべき宝物

・・・

何かを維持することのほうがそれを手に入れることより簡単だという例は、普段の生活の中にいくらでもあります。どれほど多くの人が成功し、望むものを手に入れるために知識や意志の力や忍耐を総動員していることでしょうか。にもかかわらず、手に入れた後はおざなりにし、気を配らないため、すべてを失ってしまうのです。

さらに残念なことに、これが内面の生き方となると、さらに真理をついてきます。ですか

ら何かを考えていて、閃《ひらめ》きややる気なりが生じれば、最善を尽くしてそれを保ち続けてください。それだけでなく、養い育てるのです。目に見えない世界の光の存在たちがあなたを見ていることを決して忘れないでください。あなたが本質的な真実、本質的な豊かさに心を傾けているのを見れば、これらの存在は、地球が決して与えることができないものをあなたに与えてくれます。

そして受け取ったものはたいせつにしてください。あなたがそれを得るためにどれだけ多くの、想像を絶するほどの存在たちが尽くしてくれていることでしょう。自分の力だけで手に入れたなどと思わないでください。ですから、おざなりにせず、恩も忘れず、この宝物をしっかりしまっておきましょう。

Day 10 道徳観念の基盤とは他人に対する善悪

・
・
・

集団的、普遍的、宇宙的なもの全体に対しての感受性が芽生えて初めて、人は真の道徳観念に目覚めます。この能力で他人の魂と心に入り込めるようになるだけでなく、自分が他人に対して苦しみの種を撒《ま》いてしまった場合、その苦悩を自分が味わい、同時に癒したいと願うようになります。

いつの日か人は、自分が他人にすることは善悪にかかわらずすべて、いずれ自分にもふりかかってくるものだと気づくことでしょう。表面的には個々の存在は独立し、他とは切り離されていますが、実際に霊的な次元から見ると、その中にはすべての創造物と全宇宙を通じて息づいている何かがあります。この宇宙意識があなたの中に芽生えれば、他の存在に害を与えたとたんに、あなた自身も傷ついたように感じることでしょう。他を助け、愛するときも同様です。人が自分の内面で、他の存在になす善悪を自分自身が感じるようになる、これが道徳観念の基本なのです。

Day 11　天の存在が私たちを通じて実現できること・・・

毎日神の前に行き、あなた自身や他の人たちにとって良い振る舞いができるよう指導してくださいとお願いしましょう。神が個人的にあなたのもとに来て啓示を与えるわけではありませんが、あなたに天使を遣わせてくれるでしょう。

後になって、あなたがこれまで歩いてきた道で、多くの事故や不幸な出来事を避けて、その一方でたくさんの良いことを達成できたのだということに気づくでしょう。そして天の存在から「ほら、あなたはこれだけのことが出来たのですよ」と言われるのです。

いつか自分が何をしたかを理解できる日が来るでしょう。いや、むしろあなたを通して何が行われたかを理解することでしょう。1日のはじめに、神にあなたの人生を導いてくれるようにお願いすることで、どれだけ素晴らしい存在たちが助けに来てくれたかに気づかされるのです。

Day 12 光と喜びの未来は神の子のもの

・・・

過去は逃げてゆき、未来はまだあなたのものではありません。唯一、現在だけがまるでこれから形づくられる原材料であるかのようにあなたの手中にあります。この1分、この1時間、この1日があなたのものであり、これを明快に生きるように努めてください。

ひとたび、あなたと神聖な世界の間の空間が開かれれば、未来も自分のものになったと言えるようになるでしょう。あなたの未来は喜びと光です。ですから、ただ困難や不幸を予言する人たちの影響を受けないようにしてください。彼らは未来とは何なのかを本当は知らず、どう創造すればよいかも分かっていないのですから。

不幸は過去のものであって未来ではありません。未来、すなわち神の息子、娘としてのあなたの真の未来は、過去が消え去った後に現れるのです。それこそが真の未来です。しかし、だからといって未来がこちらに接近していないという意味ではありません。未来は生き物であり、すでにそこにいます。未来はあなたの創造の途上にあるのです。

Day 13 智恵、愛、真理は、知性《マインド》と心と意志の扉を開く三つの鍵

・・・

あなたは繰り返される動作の象徴的な意味も知らずに、うわの空で機械的に毎日鍵穴に鍵を入れています。ここで象徴されているものとは、精神（鍵）の物質（鍵穴）の中における役割です。今こそ鍵とは何か、鍵穴とは何なのかを理解してください。そうすれば、いまだかつて想像もしなかった鍵と、その鍵穴を見つけることができるでしょう。

耳、口、鼻孔、目、すべて鍵穴です。脳もひとつの鍵穴です。それが理解できれば、あなたは自然の扉を開ける鍵だけでなく、あなた自身にある扉を開ける鍵までも手に入れることになるのです。

知性、心、意志とは何でしょうか。これらは扉であり、私たちが考え、感じ、行動する領域に通じています。それを開ける鍵が智恵、愛、真理です。智恵は知性の扉を開け、愛は心を開き、真理は意志を開きます。

何か問題があるときはこの鍵を使ってみてください。最初の鍵が合わなければ、2番目の鍵を試し、2番目も合わないなら3つめの鍵を使ってください。手順さえ分かっていれば、3つの中のどれか1つがあなたの問題を解決するでしょう。

Day 14 健康に役立つ感情と感性を養う

・・・

皆さんは、自分の思考と感情が肉体に影響するという経験をしたことがあるでしょう。こうした経験をしたのは多くの場合において、怒り、恐れ、苛立ち、嫉妬といったネガティブな思考や感情、もしくは悪いニュースによってもたらされる感情によるものだったのではないでしょうか。その後、肉体の内分泌機能は乱れ、神経システムは狂い、頭痛や吐き気、胃痙攣《けいれん》や腹痛が起こります。

ですから、皆さんはご自身の経験から、感情や心の高ぶりによって、体調が狂うことがあるのだということを分かっているでしょうが、いったいあなた方の何人がそれを避けるために何かをしたり、自分自身をコントロールしているでしょうか。自分を喜ばせたり、強化したり、健康によい感情や感動を養う努力をしていますか?

これは簡単に理解できることですが、私たちはネガティブな意識の状態に身を委ねれば弱くなります。逆にポジティブな意識の状態で努めれば、強く、自由で、より生き生きできるのです。

Day 15 神はすべての存在に平等に存在する

・・・

人間をどのように定義しますか? 低次と高次の本質が複雑に混じりあっていて、どこで片方が終わり、もう片方がはじまるかなど、はっきりと言えません。しかし、神はあらゆる人の中にいます。それは進化の遅れた人でも同じです。違いはそれぞれの意識だけです。

粗野で道徳心のない人にも、霊的指導者の中にいるのと同じように完全に神が存在します。しかし、粗野で道徳心のない人びとは自分の中に神がいることに気づいていないので、その顕現を阻んでいるのです。ですから、神を受け入れない存在や場所についても同様のことが言えます。

神は私たちの中にいます。そして限りない美、力、光、愛、すべてに自らをあらわしたいと願っています。ですから、私たちはこの存在についての意識を持ち、それが私たちの中で1日1日、より力強く生きられるよう努力しなければならないのです。

Day 16 あなたの魂に刻み込まれたプログラムとは・・・

たとえば1人の若者が技術者になろうとしているとします。技術者になるためには必須のカリキュラムがあり、彼が本当にこの職業にむいているとすればこの勉強のおかげで、彼の魂に刻まれているプログラムの実現がまた1歩可能へと近づくのです。

不幸にも多くの人は、あらゆる種類の外的なプレッシャーの影響下で個人的な願望にも駆られ、自分の精神的な成長の役に立たないような職業を選ぶようになります。

家族や社会が制限するものから逃れることは不可能ですが、可能な限り、あなたの魂に刻み込まれたプログラムに適した生き方ができるような活動を選択してください。

このプログラムとはイエスが2000年前に与えてくれた「天の父が完全なように、あなたも完全でありなさい」というものです。日々少しずつ天の父の完璧さに近づく、これこそが唯一の人類すべてに有効なプログラムなのです。

Day 17 家の中でするように内面の整頓をする

・・・

日々の生活の中には、いつも何か考えさせられることがあります。たとえば、1日に数分間だけでも家をきれいに片づけることが必要なことをご存じでしょう。そうしないとすぐに堪《た》え難い状況になってしまいます。

ですから、この瞬間も忍耐強く、頻繁に、そしてたゆまず、あなたの内部を掃除し、整理整頓の必要性を理解してください。

もしも家の中がものすごく汚くて散らかってボロボロだったら、いつだって他の場所に移り住むことができます。

しかし、あなた自身は自分の外へと引っ越しすることはできますか？　明けても暮れても「さて、問題は何かな」と言い、物は転がったまま、埃《ほこり》は積もるに任せ、ゴミをためたままにしないようにしましょう。さもなければ、状態を改善するのが手遅れになってしまう日が来ます。毎日、掃除をしてください。つまり自分の中に秩序と純粋さと平和と調和をもたらす努力をするのです。

Day 18 存在たちは見えなくても存在している

霊的な能力を開発すれば、目に見えない世界と接触することが可能となりますが、ほとんどの人はいまだにそれを発達させる方法を知りません。そのため、自分たちの五感で感じることのみを基盤に哲学をつくりあげ、自らを間違った結論に導いているのです。

たとえば、精神障害が人びとの中にある悪の存在に起因するものだという説を受け入れる精神科医や精神分析医はいるでしょうか？　研究者たちは顕微鏡の向こう側に悪の存在を発見してはいませんから、**そんなものは存在しない**のです。しかし、研究者たちに一考をお願いしたいのです。ウイルスや細菌は肉眼では見えませんが、顕微鏡を通せば見えるようになります。ですから私たちの発明が、まだ探知するのに十分な技術を備えていないからといって、それが他の創造物を認めない理由になるでしょうか。

いずれにせよ、これらの創造物が引き起こす被害は、ウイルスの引き起こす被害と同じくらいはっきりと目に見えるものであり、誰もそれを否定することはできません。科学はいつの日か、目に見えない世界に生命体が存在することを疑いの余地がないほど明らかにできるような道具を開発することでしょう。

しかし、その時がまだ来ていなくても、すでにその存在を受け入れ、智恵と愛と純粋さとともにある生き方をすることで、闇の存在から身を守ることを学ぶのが賢明です。このような生き方は光り輝く生命体を招くのですから。

Day 19

指導者を信じるだけでなく自らも努力する

・・・

生徒が自分の先生に尊敬、称賛、畏敬の念といったものを抱くのは当然のことですが、何よりもまず、それが生徒のやる気を引き起こすものでなければ、これらの感情は指導者にとって負担となり、生徒にとっても何の学びにもならないでしょう。

なかには自らの指導者を、神を信じるかのように見ている人もいます。自分の信仰は自らを救い、指導者は彼らのために奇跡を起こしてくれるだろうと思い込んでいるようですが、それは違います。

神であろうと指導者であろうと、信仰だけで救われた人などいないのです。生徒は、指導者が自分のために起こしてくれると思われる奇跡を頼るのをやめれば、より早く成長するでしょう。なぜなら、そのときにこそ指導者は、真に彼らを助けることができるのですから。もしも生徒がいつも指導者ばかりを見て、指導者に何もかも期待していれば、指導者を麻痺させることになってしまいます。指導者は生徒たちのために何もできず、生徒は非生産的なまま止まってしまうのです。

しかし生徒が努力し、自らの発達にいそしめば、準備ができ次第、彼らは助けを受けることになるでしょう。

Day 20

子どもたちへの大きな責任

・・・

たとえ子どもが寝ているときでも、親は子どもの周辺に平和で調和のある雰囲気をつくらなければなりません。子どもはあらゆる流れに対して受け身なのですから。そうすれば子どもは強くなり、後々の人生の打撃や辛苦に立ち向かうことができるようになるでしょう。

子どもがこの世に生まれるとき、まず親は、子どもは自分の所有物ではないと自らに言いきかせることです。子どもは神の息子、娘であり、自分たちは単に肉体、つまり家を与えられたにすぎないのだと。また親は、子どもに近づく人たちにも子どもを守るために思いやりと尊敬を込めた振る舞いをするべきだと心にとどめておいてください。

そして子どもの信頼につけこんで悪いお手本となり、害となるような助言をしてはいけないのだと肝に命じてください。見たり聞いたり経験したものは何であれ、永遠に子どもの中に刷り込まれます。

ですから、大人の子どもに対する責任はとても大きいのだということを、何度繰り返して言ってもこれで十分ということはありません。自分たちの行動や言動が子どもの一生に刻印されるのだという責任に震えなければなりません。子どもを尊重しない大人を天は見ています。その責任の重大さを心に刻んでください。

Day ***21***

光は死の瞬間の唯一の救済

・・・

私たちは日々の活動の渦に呑み込まれ、いつ何時、自分の命が失われるかなど考えたりはしません。もしくは、たとえ考えたとしても、「死」とは単なる言葉にすぎません。ですから地上を去るときが近づくと、死は恐ろしい現実となり、自分の存在価値など何も知らずに生きてきてしまったことに愕然として後悔に駆られます。

今さら悔恨の念が何かを消すことができないとしても、自分の間違いや時間を無駄にしたことを後悔するのは悪いことではありません。しかし、この後悔を不毛に終わらせないためには、自分を光に結びつけることです。光は私たちの唯一の救済です。私たちがどこへ行こうとも、光が私たちを導いてくれます。また、光は私たちの滋養でもあります。

Day 22　挨拶で相手に触れることは最良の交流方法

・・・

人生とはすべてがひとつということです。どのような動作も他と繋がっていますから、その瞬間瞬間に自分の行動に意識を払ってください。内的な部分であれ、外的な部分であれ、すべてがどこかに影響を及ぼしているのです。それゆえ、お互いに挨拶をするということを学ぶことがたいせつです。知り合いに会ったとき、それがたとえ遠くから手を振って挨拶するだけでも、意識して行ってください。そうすればあなたの手を通してエネルギーの流れや色の光線といった生命力を伝えることができるでしょう。

最も力強く利益のあるように見える交流が必ずしも物質的に身体に近づけるとは限りません。手の仕草やそれにともなう視線の中に多くの愛情や光を込めることもできます。ですから、あなたの魂や精神にも挨拶の仲間入りをさせてください。そうすれば、挨拶によって受け取ったものが自分の中に入り、自分がより良くなることを、挨拶する1人ひとりが実感するでしょう。

話したり動いたりする肉体的な次元で出会う以前に、精神的な次元での接触がとてもたいせつです。

Day 23　忍耐は時間とともに作用する

・・・

忍耐は時間とともにその効果を発揮します。あなたが経験したことは、たとえ最も辛かった期間でさえ、時とともにあなたを豊かにしてくれる源であり、喜びの源となるでしょう。すべてのことは理由があって起こります。あらゆることには意味があり、それを見つけられるかどうかはあなた次第なのです。

どんな性質の苦悩であれ、被《こおむ》ったその瞬間に、そのことばかりを考え、そこに縛りつけられるのは良いことではありません。未来へと考えを飛躍させ、今のひどい苦しみはすぐ忘れるのだと自分に言いきかせてください。もしも忘れることができなければ、「いずれは違った観点から見られるようになる」と言いきかせるのです。

私たちの内面の状態が時間とともにどれだけ変化するのかを知れば、もっと我慢強くなれるでしょう。忍耐力を発達させるための実用的な練習方法がありますのでご紹介しましょう。ひとつは、手を洗って耳たぶを優しく下に引っ張りながら触ります。もうひとつは、太陽神経叢《そう》を時計回りにマッサージする方法です。

Day 24 私たちの内面に住む住人

・・・

人体組織の研究は、建物の異なる部分を並べあげて描写するようなものです。しかし、この建物は空っぽではありません。中にはいろんな占有者がいます。霊的な存在がいたり、とかげや猛獣、鳥などの生物もいます。

それらすべてに物質的な肉体があるわけではありませんが、心霊界では本能的な衝動という姿で存在します。そして1人ひとりが表しているこの**建物**には、あらゆる世代の祖先もぎっしりと詰まっています。それは抽象的な言葉で「遺伝」と言われています。

しかし実際には、ここに住んでいるのは確実に生きている創造物であり、人間を良い方向、悪い方向、あらゆる方向に引っ張っています。このことを知っておいてください。すでにこの世を去った多くの家族や親族たちは、あなたの中に住み、あなたを通して自分を顕現しているのです。

Day 25 どんなに単純な修練も、その効果は大きくなりうる

私たちの教えは誰にでも実践できるものです。たとえそれが崇高な真理に基づいたもので、ほとんどの人の理解の及ばないものだとしても、その修練の方法自体は簡単に実践できるもので万人向けになっています。

これらの方法が簡略すぎて子ども向けだと言う人たちもいますが、それは自らが結論を引き出すために観察することも熟考することもできないのだということを露呈しているようなものです。

たった1本の歯の痛みによって、まるで全身に痛みがあるかのように、食べることも眠る

ことも仕事に集中することもできなくなります。それなのに、あなたの体調不良の原因は、ただ1本の歯にすぎません。これでもささいな物事から来る結果を否定しようと思いますか？　ですから、とても単純な方法でも大きな結果をもたらしうるのだという考え方を受け入れてください。

次のエクササイズをお教えしましょう。太陽神経叢《そう》か心臓かのどに、送れる限りの光と熱を送って精神を集中してください。徐々にあなたの全身が多大な恩恵を受けはじめているのを感じるでしょう。必要なものを見つけるために、複雑なエクササイズに没頭することはありません。結果を出すのは、あなたがしていること自体というより、そこに込める注意と信念、それだけなのです。

Day 26 転生の記憶をとどめる方法

・・・

多くの人が、現世で起こった出来事や出会いや経験を来世まで覚えておける方法があるのかどうか考えるそうですが、実はその方法はあります。

例を挙げましょう。ある山を出発地点に決めてみてください。何かしら、時の移り変わりに耐えうるものであれば、世界的に有名な建物でもかまいません。たとえそのものがある日崩壊したとしても、写真や本などに記録が残っています。この山や建物をたびたび見て、こう考えてみてください。「来世でこれを再び目にするとき、現世での出来事の記憶が戻ってきてくれますように」と。

こうして、あなたは山や建物との間に絆をつくります。あなたの中にこの後ずっと働き続けるであろう「型」を刷り込んでいるのです。あなたが転生するときは、その「型」とともに戻ってくるでしょう。転生した人生で、かつて精神を集中させた山や建築に目を向けたとたんに「型」のおかげであなたが前世で事あるごとに記録してきた出来事の記憶が目覚めることでしょう。

Day 27 低次の欲望を満たすと人間は奴隷になる

・・・

神に仕えることにより、私たちは神の生命そのものになります。神の生命とは、光、平和、力、愛、喜び、自由です。

人間の下僕《げぼく》とは反対に、神の僕《しもべ》はどんどん自由に、そして豊かにもなります。しかし、それは仕えているのが真に神である場合のみです。搾取者に仕えていないからといって、神に仕えているとは限りません。いったいどれほどの人が知らずに、1人、さらには複数もの主《あるじ》に仕えていることでしょう。そしてこれらの主とはいったい何なのでしょうか。

人の持つ欲望、羨望、野心……。人びとは気づきませんが、それこそ自分を縛りつけ、心貧しくしているのです。自らのエネルギーと能力の使い方、そしてその目的を知っている者だけが神の奉仕者となることができるのです。

Day 28

「あなたの隣人をあなた自身のように愛せよ」について

・・・

皆さんは、イエスが言った「あなたの隣人をあなた自身のように愛せよ」という戒律をご存じですね。この戒律は、実践は困難だとしても、一般的には分かりやすいものだと見なされています。

では、人はいったいどうやって自分を愛するのでしょうか。人はあらゆることへの限度を知らず、胃や心臓や肺や脳を痛めつけています。もしもあなたがこれらの臓器に人間の愛についてどう思うのかと聞けば、臓器は自分たちの苦しみや不満を述べるでしょう。自分の肉体はその住人を代表するものであり、それがそれぞれ明確に決まった役割を持つ何百万という細胞なのだということを、私たちは忘れてしまっています。

人間の体は、ちょうど社会組織のように兵士もいれば、医者、国会議員、建築家、司祭、薬剤師もいます。そして王である本人は、自国民のことをたいして気にかけていません。そのため、これらの細胞は自らの君主が不公平で無知で怠惰《たいだ》で、食事をきちんと与えてくれず、光やぬくもりや澄んだ空気を与えないまま放っておくのだと不平不満を訴えるのです。自分をこのようにしか愛せない人が、他者に持つ愛とはいったいどのようなものなのでしょうか。

Day 29

イメージが私たちに与える力

・・・

悲しかったり、落ち込んだりしたとき、あなたは愛する人や崇拝する人のことを考えると力づけられることに気づいていますか？　これは私たちが頭や心に抱いているイメージが常に活性化しているからなのです。

イメージにはそれ自身の生命があり、力があり、変圧器のようでもあり、エネルギー源のようなものでもあります。ひとつのイメージは、あなたを滅ぼすことも救うこともできます。

イメージは毒にもなれば、毒消しにもなります。どのイメージもひとつの考えと繋がっていて、あるイメージに集中すればあなたに作用し、その刻印が押されます。

イメージを使ってできる努力を続けてください。その努力がもたらす恩恵は非常に大きなものとなるでしょう。

Day 30
内面の限界を常に押し戻そうと努力すること

・・・

私を最も落胆させることとは、人が制約のある人生を生きるという考えを受け入れていることです。弱かったり、病気だったり、不幸だったりすることは人間にとって普通のことです。彼らは人生がこれ以外になりえるなんて想像しません。もちろん、私たちの誰もが、自然が私たちに与えたいくつかの制限から完全に抜け出すことはできません。

しかし、私たちはこうした制限を後退させることはできます。私たちはいつも制限の虜《とりこ》、犠牲者である必要はありません。良い状態と条件を長引かせるだけでなく、状態の悪化のはじまりを遅らせることもできます。

そのためには少なくとも、これが可能なことだと信じる必要があります。人を観察していると、不幸にも目前に線が引かれ「ここまでがあなたの行ける範囲だ！」とでも言われ、催眠術をかけられたかのように振る舞っています。

そして人は〝それが真実だ〟と思い、この制限が必然のものであると受け入れているのです。しかし、これは必然ではありません。人は自分を知らず、創造主が自分の中にさまざまな可能性の源やいろいろな能力を与えてくれているというのに、それにまるで気づかずに、この状態から動かずにただもがいているだけなのです。

ですから、これからは制限を後退させるために努力してください。そうすれば、あなたは思っている以上に、自分に能力があるということを強く感じるようになるでしょう。

Day 31

人類への愛ゆえに転生する素晴らしい存在

・・・

人がその努め、献身、犠牲をしっかり果たして完全に自由になり、カルマの負債がなくなれば、「転生の法則」の下に置かれることはありません。これからは天の領域が彼らの住む場所です。それは至福の喜びと光の場所です。

しかし、自由を見つけた存在の中には、彼らの兄弟姉妹が人間として地上で苦しんでいるのを見て、それを救うために戻る決意をする人もいます。

いったん地球に住んだら、そこで経験したことの記憶を消し去って繋がりを完全に切ることはできません。ですから、すでに自分は自由で、無限と永遠の喜びを味わっているというのに、かつてはこの哀れな人たちとともに生きたため、また彼らと自分の間に遥かな距離はあってもいまだに繋がりあっているように感じるため、そこに視線を投げかけずにはいられない人もいるのです。

そして何百年、何千年後になっても、彼らはそのことを覚えていて、その広く豊かな心で人びとの困難を分かちあい、救済のために再び地上に降りてくるのです。

Day 32

日の出と日の入りの象徴的な解釈

・・・

朝日は1日のはじまりのしるしです。1日のはじめに計画を立てたなら、それを実行するのも変更するのも自由です。日没によって1日のサイクルはおしまい。それ以上でもそれ以下でもありません。しかし1日は単なる24時間という期間を指すだけではありません。1日は1カ月、1年、一生を表すこともあります。女性が胎内で9カ月間子どもを育てる期間を示すこともあります。

女性がお腹に子どもを宿している間、母親は自分の考えや感情や欲望によって子どもに影響を与え、子どもが光の道を歩めるようにできます。それから子どもが生まれると、人はこれがはじまりだと思うのですが、実を言えばそこが凝縮と具体化の最後の過程なのです。これはある意味日没と似ています。そして母親の影響力も言わばそこで終わるのです。

Day 33
永遠の感情は、魂と精神の滋養をもらうことで生まれる

・・・

祈りと瞑想により、平和な感情が生まれるだけでなく、この上ない至福の感情もともないます。表面的には何も受け取っていなくても、まるでお腹いっぱい食べて飲んだかのように気持ちは満たされます。この状態を持続させる方法を知っていればそれができます。

魂と精神の食堂では肉体の次元とは異なり、食べなくともお腹がすいて、体が弱ってしまうようなことはありません。魂と精神の崇高な領域から受け取る食糧は、あなたに何日でも栄養を与えることができます。神の世界はとても豊かで光にあふれ、一度でも味わったならば、永遠の中に生きるということの意味を理解するでしょう。

Day 34

技術の進歩は精神性の進歩と歩調を合わせるのが理想的

・・・

私たちの時代は「進化の時代」だと言われています。技術の進化という意味では確かにそうです。しかし、技術の進歩とはいったい何でしょうか。それは物質に対する勝利です。では、人間は何をしているでしょうか。人間はありとあらゆる種類の道具や製品を作って、自分たちの生活をより便利にし、それを誇りに思っています。しかし、自分たちの欲を満たしてしまったゆえに怠け者となり、肉欲に溺れて攻撃的になることで、実は低次の本質にエサを与えているのだということに気づいていません。それは退行であって進化ではありません。

自分自身を分析してみてください。技術の進歩のおかげで自分が使っているものを観察してみると、それらが自分の精神性の発展と他者のためにあまり役立たないことに気づくでしょう。もしも物質が提供する豊かなものをすべて良い目的のために使いたいと願うならば、まず自分自身があらかじめ精神性の成長を遂げる必要があります。技術進化は人類が精神性に向けての努力がともなっていて初めて、真の進化と言えるものになるのです。

Day 35

秘儀の学校でも得られないもの

・・・

もしも他人の心の奥を覗《のぞ》くことができたとしたら、きっと笑ってしまったり、泣きたくなったりすることでしょう。まったく人の考えることと言ったら！

人は自分勝手な願い、名声、肉欲、所有欲、支配欲を満たす以上のことが考えられないようです。あなたはどうでしょうか？　あなたの望みは何ですか？　あなたが本当に望んでいることをよく見ると、自分の理想がいかに小さいかに気づき驚くことでしょう。

いったいどれだけの人が秘儀の学校に行けば、まるで魔法のように困難は消えて、お金持ちになり、影響を与える存在となり、権力と栄光を得られるなどと願っていることでしょうか。そんなものは幻想です。それだと単に困難と失敗に出会うだけで、秘儀の学校に通わない人生に比べて、さらに大きな問題を抱えることになるかもしれません。

学んだ真理を個人的な利益のために身勝手に使うことはできません。真に何かを得ることができるのは、真剣に学び、向上し、他人を助けたいと願う人だけです。そういう人の人生はどんな状況であっても向上のための最高の機会へと変わっていくことでしょう。

Day 36

善と悪は高次の権限に属するもの・・・

善と悪を絶え間なく対立する別々の力だと考えるのは間違いです。実は、善と悪は神という高次の権限に繋がっている2つの流れなのです。善と悪の問題は物質界のレベルでは決して解決しません。この対立する2つの力の源は天です。

私たちのレベルで見えるのは、2つの力の衝突だけです。私たちの務めは善と悪を、それら自身すら自覚していない目的のために高次の権限にまで高めることです。

善がすべてを知っているわけでもなく、悪がすべてを知っているわけでもありません。善悪を超えてすべてを知っているのは唯一神だけです。ですから神と話し、こう言ってください。「神よ、あなたは非常に多くの美しきもの、広大なもの、深遠な思想をつくりました。私はその真っただ中にいます。私の限られた知性でははっきりとそれを見ることができません。あなたの天使を私に遣わせ、どのように行動すればよいのか教えてください」と。

Day 37 真実とは、私たちの中に刻み込まれたもの

・・・

たとえあなたが聞いたり読んだりした真理の言葉を全部忘れていたとしても、それらはいつの日かあなたの意識に表面化してきます。真理の言葉には光の力が込められて強力なのですから。

あなたの知らないうちに、真理はあなたの潜在意識に刻み込まれ、その道を進んでいきます。そして遅かれ早かれ、まったく思いもよらないときに誰かに会ったり、何かが起きたりすると、これらの真理から逃れることはできなくなるでしょう。

「では、真理は私たちを平穏なままにしておいてくれないのですね」とあなたは問うことでしょう。あなたが何を「平穏」と呼ぶかにもよりますが、思考や感情や欲望や気まぐれに対して見境もなく手綱を渡してしまっていることが「平穏」なのでしょうか。賢者や秘儀参入者から「あなたは道に迷っています」と真理の警告を受けても驚かないでください。

それらの真理はあなたをチクリと刺し、噛みつき、あなたの髪を引っ張ることでしょう。そういう意味では確かに、真理はあなたを平穏なままにしておいてはくれません。しかし、あなたがそれらを受け入れ、正しい方向へと向かえば、素晴らしい平穏を経験するようにな

るでしょう！

Day 38
高次の自分は激情がおさまったときこそ明らかになる
・・・

子ども時代や青少期は、何年にもわたってあらゆる動揺と反乱の舞台です。それゆえ、彼らの神聖な自分自身はまだ花開くことはありません。

やがては彼らも落ちつき、穏やかになっていきます。そしてあらゆる良い性質が現れはじめます。それ以前には、しかるべき条件が揃っていなかったので無理だったのです。

自然の中で植生がどうなっているか見てください。時々、普段より気温が上がると植物は早く育ちすぎてしまいます。不運にも荒れ狂った嵐にやられてしまったり、突然気温が下がって霜が降りたりすれば、植物は根こそぎやられてしまうか寒さで死んでしまいます。植物は好ましい条件の下でなければ正しく成長することができません。

これは人間にもあてはまります。彼らが内側の嵐や極端な気温にさらされていては、叡智の声、自らの高次の声を聞くことができません。

激情がおさまるのを待っているときこそ、良い性質が現れるための条件が揃ったと言えるでしょう。

Day 39 知識は私たちが植えるべき種

・・・

努力し続けてください。自分の身をいたわることで健康を保てるなどと考えないでください。むしろその逆です。活動的でない人の活力は自然に減少します。古い種を植えたとしても、それは芽を出さないでしょう。そこには生命が残っていないのですから。

あなたの中にもあらゆる種類の種があります。種を植えてください。さもなければ種は効能を失ってしまいます。では、いったいそれらの種とは何なのでしょうか？　種はあなたの屋根裏部屋という頭にため込まれた知識です。そのままだとカビが生えてしまうか乾ききってしまい、使われず、活性化されないまま使いものにならなくなってゆくことでしょう。

知識を蓄積するのは良いことですが、それは種を植えていればの話です。つまり自分で実践することで成長し、果実が実るようにしてあるならばということです。それは人生の試練の中でのみ成しうることで、唯一の進歩、成長、強さを得る方法です。困難から逃げ出して苦労を避けることは、より大きな困難に直面することになります。それはつまり、良い人生がこぼれ落ちて苦労することになるのです。

Day 40 他人を悲しみと苦労で悩ませるのを避ける

・・・

これは多くの人に見られる習慣ですが、悲しみや不幸を感じたとたんに、自分の心配事を他人に打ち明けることは弱さの表れです。どれだけ多くの人がささいな心配事、不愉快なことで、親や友達や近所の人のもとに走ったり、電話口で自分の不幸について話すことでしょうか。そんなことをすると一瞬にして20人以上がその影響を受けるのです。

他の人びとがあなたの重荷を担ぐために存在しているのかどうかを、あなたは一度でも考えてみたことがありますか？　もしも本気で成長したいのであれば、この習慣を捨て、他人に負担をかけないようにすべきです。

あなたに心配や悲しみがあるときは、その状態を中和する方法を探してください。自分にこう尋ねるのです。「もっと強く、気高くなるために、私には何ができるのでしょうか。天から仕事を頼まれるような真の神の子になるために、私にできることは何なのでしょうか」と。

努力をしたくない、弱いままでいいというのであれば、そのまま古い習慣をひきずって、そこから生ずる結果もろとも生きていくことになります。しかし、秘儀の教えでは、強くて、光にあふれ、他人を助けるための道を示しているのだということを覚えておいてください。

Day 41　人類の進化は宇宙の叡智により計画される・・・

人びとはどんな理想を抱いているでしょうか？　家族を持ち、キャリアを得て、車があり家があって何でも揃っている。それでじゅうぶん。人はこうした凡庸な生活に満足してしまうのです。時には本を読むでしょうし、音楽を聴き、観劇に行ったり、旅行もするでしょう。でもそれでおしまいです。人びとは自分にこれ以上高尚なものも力強いものも与えようとせずただ沈滞しているのです。

いったいいつになったら、自分たちの緩慢な人生がどれだけ危険かということに気づくのでしょう！　すべての肉体的・精神的な病気が列をなして待っていて、彼らの方へ這《は》うように進み、噛みつき、貪《むさぼ》り食う時を待っているのです。なんと悲しく情けないことでしょうか！

大宇宙の叡智は、人類がこんなふうに自らに麻酔をかけて眠ってしまったかのようにするために、人間をこれほど素晴らしく造ったわけではありません。大宇宙の叡智は日々、命の流れが絶えないようにし、すべてのカビや肉体的かつ精神的な腐敗が除去されるようにしてくれています。それは人類が進化の道に沿って進み続けるための準備なのです。

Day 42 太陽神経叢《そう》と脳の関係

夜眠りにつくとき、脳のエネルギーは太陽神経叢まで降りてきて、そこにひとつの光が輝きはじめます。私たちが朝目覚めるにつれて、光は徐々に弱くなってゆき、脳は再び活性化されます。

脳や太陽神経叢が完全に活動を止めてしまうことは決してありません。交互に作動するのです。脳は意識下の生命をコントロールし、太陽神経叢は私たちの無意識下、あるいは潜在意識下の生命をコントロールします。

太陽神経叢と脳とは関係があるため、瞑想、研究、書き物などの頭を使う仕事をするたびに、あなたは太陽神経叢を働かせることになります。

仕事をするときは太陽神経叢に集中し、あなたが調和とバランスの状態に入ったと感じてから仕事を開始してください。あなたの脳は太陽神経叢から来るエネルギーによって養われ支えられるでしょう。

そして、もしもこの活動の最中に脳が煮詰まってきたと感じたら、右手で太陽神経叢を時計と反対回りにさすってください。

Day 43 スピリチュアルに集中する瞬間は、その状態を保つためベストを尽くせ

・・・

もしもほんの一瞬でもあなたが非常に深く強いスピリチュアル（＊訳注）な経験をし、ようやく平和、愛、光を味わったならば、あらゆることをしてその状態を保つよう努力してください。平凡な活動や気掛りなことに引き返してはなりません。自らの怠慢を正当化するため、かつて経験した喜びは、おそらく想像だったのだろうと言う人もいるでしょう。天は彼らを啓蒙し、強さを与えようとしてくれたというのに、彼らは自分が幻想の被害者ではないかと考えているのです。

しかし、自分が弱々しく感じ、悲しみに打ちひしがれているときこそが、彼らにとっての現実なのです。人間の無知や恩知らずさについて、私は飽き飽きするほど見てきました。

この稀少な瞬間に、あなたの生涯を通じて支えてくれる純粋なエネルギーの流れを受け取ることができます。この瞬間、すべてを維持し深めるための努力をしてください。あなたが疲れるのは努力をするからではなく、暗く重苦しい思考と感情に自分の知性と心を開く傾向にあるからです。自分のことを重荷に感じていると疲れてしまいます。

Day 44 神の世界で人びとを助けるための手段を探す

・・・

あなたは家族や友達を助け、支えたいですか? でしたら、あなた自身を神の世界へ引きあげるために最善を尽くしてください。

神の世界で、あなたは平和と光を受け取ります。そして戻ってきてそれをみんなに分け与えてください。弱くて貧しくて無知な人がいったい何をもたらせるでしょうか? たとえこの人が誠心を込めたところで、状態を悪化させるだけということもあります。他人を助け、守る唯一の方法は、私たちが一時的に離れた天の家に日々帰ることです。そして、そこで宝物を集めて助けたい人たちに分け与えるのです。そうでなければ、いったい何の助けになるというのでしょう。

この人には決して悩みを打ち明けたいとは思わない、という人はいませんか？　それは、あなたはその人があなたを助けるという口実で、実際は物事を複雑にするだけだと知っているからです。新しい困難を引き寄せないため、打ち明け話の相手とはなりえない人びと。もしも彼らと同等になりたくないのであれば、まずは神聖な世界に光と富を探しに行ってください。そうすれば他の人もその恩恵を受けられるようになるでしょう。

Day 45 集中力を高めるエクササイズとアドバイス

・・・

瞑想をしたいですか？　ではまずは心を穏やかにしてください。自分の内面が穏やかにならないうちから集中しようとしないでください。さもなければ、あなたの脳細胞にショックが走り、正常な作業などできないでしょう。脳は自然に不活性となる傾向があり、そうなれば自分の望んだことをすぐに行動に移すことができません。脳細胞は生きている創造物であり、強制したり、急《せ》かしたりすべきではないのだということを常に心にとどめておいてください。

いったんリラックスして落ちついたら、あなたの望む方向に細胞を動員することができるようになります。繰り返し言いますが、どのように進めるかを学ぶ必要があります。車のエンジンを始動するとき、いきなり時速１００キロで走り出したりしません。同様に、あなたが定めたテーマに十分に集中できるほど集中力をコントロールできるようになったと感じる状態に到達するまで、あなたの脳も段階を踏んでいかなくてはなりません。そうすれば、全細胞が自分がやろうとすることに協力するように変わっていきます。すべての脳細胞をうまく動かせるようになれば、あなたの心も自然に同じ方向へと続くことでしょう。

Day 46

物事の昇華は人間の使命

・・・

私たちは創造主によって造られた人間ですが、その造られたものを造り替え、昇華させる使命を受けています。食べ物、呼吸する空気、私たちを通過するすべての物質に対して働きかける使命があります。これはどういう意味なのでしょうか？

これは、私たちは自分の行動すべてに新しい広がり、スピリチュアルな広がりを与えなければならないということです。

もしも成功すれば、光の精霊は私たちを認め、感謝し、評価して、私たちのそばにいることを選択してくれます。これは私たちが人生の意味を理解したという意味です。

私たちが自らを凌《しの》ぎ、自分自身の遥か上を行き、自分より偉大な何かをつくることができるたびに、私たちはその物質の上に精霊の刻印を残し、このようにして神の息子や娘としての仕事を果たすことになるのです。

Day 47 精神の構造とメカニズムを知る

・・・

いったいどれだけの人が神秘的な愛を語りつつ、自らの人生は肉欲と感情の無秩序さに満ちていることでしょうか。そして、精神性の理想に自らを捧げていると思っていたとしても、実際には、虚栄心や他人をコントロールしようとすることに捧げている人もいるのです。これはどうしたことでしょうか？　偽善ではないのでしょうか？

確かに彼らは精神性に対する向上心はあるのでしょうが、何かを達成させるためには、ただ切望するだけでは十分ではないのです。

一般的には、人間の精神構造とその機能、個別には自分自身の精神活動が理解できない人は非常に大きな矛盾に突き当ることになります。

大宇宙においては、黒い頭は象徴的に神の白い頭が水に映ったものとして表されていますが、それと同じで、人間の中にある小宇宙では、低次の自分は、高次の自分が水面に逆に映ったものなのです。そして、黒い頭が白い頭なしには存在できないように、人間も高次の自分と低次の自分は、互いなしには生きていられません。私たちに求められているのは、明晰であること、そして、低次の自分を高次の自分が花開くために役立たせる方法を学ぶことなのです。

Day 48 自らの進化のために指導者に対して正しい態度をとる

・・・

生徒の中には、指導者が自分にとって何であるかについて無知であり、それゆえどういう対応をしたらよいか分かっていない者がいます。彼らは指導者が自分たちのために力を尽くしてくれているのにそれを妨害し、自らの進歩の障害となっているのです。

自分が指導者とどういう関係であるべきなのか、どう考えるのか、またどういう態度で接するのかを見いだせるのかは生徒次第です。これについて、指導者には助言はありません。真の指導者はその教えを与えるだけであり、生徒を自由なままにさせておきます。

指導者は決して「私のことを尊敬しなさい、敬服しなさい、従いなさい」などとは言いません。なぜなら第一に、そんなことは無意味ですし、誰かを無理やり尊敬させたり、敬服、服従させることは不可能だからです。また、指導者にはそのような必要はなく、彼には他に喜びや満足の源があります。指導者が地球上にいようが、次の世界にいようが、生徒は自分で自分の成長のために、指導者に対してどういう態度をとるのが一番よいのかを見つけなければならないのです。

Day 49 スピリチュアルな理想とは、より大きな喜びを望むこと

・・・

理想を持つことがどれだけ重要か分かっていても、ほとんどの人はそのために何かを犠牲にすることを恐れます。人が禁欲を実践する際に障害となっているのは恐れです。恐れとは無知から生まれます。とても多くの人がスピリチュアルな理想は彼らの人生から喜びや楽しみを奪うものだろうと考えています。実際、それは逆です。スピリチュアルな理想を持つことは、今までそれで満足していた喜びよりずっと大きな喜びを求めることなのです。

ありふれた人生を送っていれば、五感が衰退します。反対にスピリチュアルな展望のある

人は、人や物事の微妙なニュアンスを感じ取ることができます。喜びを奪われないだけでなく、味わえる快楽を倍増し、その質をより高いものとするのです。それは自然全体が、その知性と心を開く人の魂と精神の上に、その宝物を降り注ぐようになっているからなのです。

Day 50 神の存在に魅了されている人は、これ以上何も望まない・・・

精神性とは漠然と望むことではありません。真の唯心論者は、まずその魂の中に神に捧げた祭壇を築き、絶えず炎を燃やし続けています。毎日、自分は神のいる場所に入るのだと意識しつつ、祭壇をのぼらなければなりませんが、そうして初めて自分が何を頼むべきかが分かるのです。

神に対して個人的な望みを満たすことばかりを願っている限りは、あなたは神の存在の中に入っていません。あなたが神の存在に入ってゆく日、尋ねることはたったひとつ、神の光で満たしてくださいということだけです。

しかし、実際そのときになってみると、あなたはもう他に何も願うものはないと感じるでしょう。神の領域に入ったとたんに、あなたは神の光であふれるのですから！　そして降りてきてからもその光はあなたの中に長い間残ります。

Day 51 人間に酷使され苦しめられている動物たち・・・

一般の人は、動物をどのように見ていて、どのように接しているでしょうか。動物の種類によっては、人間はおぞましい搾取をしています。人間はあらゆる残酷な方法で生肉、毛皮、皮、角や体の他の部分を奪います。

人間が動物に対して残酷な扱いをしている代償は高くついてきます。戦争の原因は一見、政治や経済などが原因のように見えますが、本当は動物を殺戮している人間の罪の結果でもあるのです。正義の法則は容赦ないもので、動物を殺し、血を流し続けてきた代償を自分たちの血を流すことで払えと強いています。地に流された膨大な量の血が天に向かって復讐を叫んでいるのです。

そして、この血が蒸発し、アストラル界（＊訳注）から多数の幼虫や低次の存在を引き寄せています。これが地球の大気を毒し、いつまでも紛争を起こし続けているのです。人類は平和を望んでいると言いますが、いつまでも動物を殺戮し続ける限り、戦争も起こり続けることでしょう。

おそらく簡単には受け入れられないでしょうが、これが誰も知らない真実です。しかし、受け入れなければ何も変わらず、人間が動物を扱うのと同じように自分たちも扱われるのです。

Day 52 試練とは、思うほど恐ろしいものではない・・・

なぜ目に見えない世界は私たちが通らなければならない試練を事前に警告してくれないのでしょうか？　その理由は、予期せぬ状態に立ち向かわねばならないとき、私たちは自分の中のより深い部分へと入ってゆき、より大きな努力を余儀なくされるからです。

古代の秘儀では、たとえば火の中を通り抜けて行かねばならない者は、実際には偽物《にせもの》の炎を越えていました。しかし彼らはそのことを知らず、火が本物だと信じていました。もしも彼らが怖気づいて後ずさりしたならば、秘儀に値しないと見なされ、追い返されてしまいました。

しかし、大胆で勇気があり、信念にあふれる人は火を通り抜け、実は、それはたかが幻想にすぎないことを発見したのです。ある意味では、人生の多くの試練は、現実というよりは幻想であると言えます。試練を通り抜けねばならないとき、私たちは〝恐ろしい……、きっとたいへんな思いをするんだ〟と思いますが、くぐり抜けてみれば〝そんなにひどいものでもなかった〟と納得することが多くあります。

Day 53 天からのメッセージを受け取る条件

・・・

天から見放されたなどと不平を言ってはなりません。天はあなたに毎日話しかけています。毎日あなたにメッセージを送り、答えを与えているのです。あなたがそれを受け取っていないだけです。どうしてそうなるのでしょうか？　それはメッセージが、構成物質が非常に精妙な空間から来ていて、あなたのもとに到達するには、あなたが自らの周りに積み重ねた不透明な幾重もの層を取り除かなければならないからです。

それは水の入った透明の容器に1本の棒を挿し込むのと同じです。水に挿入した箇所は棒が折れたかのように見えます。こうしてこれらは歪みを受けるのです。このことから、空気と水は異なる密度であり、それゆえ同じ屈折力の指標ではないという説明になります。

サイキック体（＊訳注＝感情・思考体）も同様です。密度の濃い物質であるほど、精神世界からの流れが降りてくればくるほど歪みを受けるようになります。それらをその真実の姿のままで受け取るには、その源である精妙な世界にまで思考によって自らを昇華できなければなりません。

密度の高い脳では天からのメッセージを受け取ることはできません。もっと正確に言えば、受け取る時点ですでに歪んでいて、脳がこれを歪めています。それゆえ自分を浄化し、純粋にし、高尚に努めてください。そうして初めて、あなたは澄んではっきりした真の天からの反応を受け取れるようになるのです。

Day 54 神とは中心であり、人間はその周りを回るもの

・・・

それぞれの人生は、中心の周りを回って描く円のようなものです。人間の進化の度合いによって、中心は人びと自身かもしれませんし、彼らの家族か社会かもしれません。神かもしれません。

最悪のケースは、彼らの人生が自分たちの周りを回っているときです。その場合、円は極端に小さく、徐々にそのサイズは小さくなっていきます。もしもその円が自分の家族や社会

の周りを回っていれば、まだ成長の可能性はありますが、決して最高の状態とは言えません。たとえ円がもっと大きなものだとしても、彼らは家族や社会という枠を超えた理解ができていないのです。

最高の状態は、人びとが神を**中心**に据え、神の周りを回るようになったときです。人びとを地球に縛りつけている粗大な絆が徐々に細くなって解け、問題へのビジョンは徐々に宇宙的、大宇宙的になり、その家族と社会に、そしてもちろん彼ら自身にも恩恵をもたらすようになるのです。

Day 55 スピリチュアルな努力は決して時間の無駄にはならない

・・・

もっと多くの時間を祈りと瞑想のために捧げることによって、あなたの人生がよりスピリチュアル（＊訳注）な理想と調和したものとなるように努めてください。しかし、それには忍耐が必要です。

たとえ1週間や10日たって、何の変化も感じなかったとしても、時間を無駄にしたと不満を言わないでください。それではあなたが精神的な修練の法則について何も分かっていないということを証明するだけです。すべきことはただ、自分はこれまできちんと精神的な修練を積んでこなかったと認める謙遜の態度を持つことです。これまで自分の精神的な側面が不透明になるような好き勝手をしてきた人は、今や精神が大きな抵抗を見せるようになっています。それを変化させ、敏感にさせるのには長い時間が必要です。

もしもすでに瞑想の心得があれば、あなたの基本元素(*訳注)はもっと柔軟で順応性があり、簡単に教育できます。というのも、この準備は精霊があなたの中で作用するのを容易にしますから。精霊には何よりすごい力がありますが、ただどの条件下においてなのかを知っておく必要があります。ですから疑ったり、躊躇したりして、たいせつな時間を無駄にせず、今すぐ精神的な修練を始めてください。

Day 56

倦怠感と睡眠は悪の存在に対して無防備にさせるもの

・・・

1日の中で、一種の倦怠感に襲われ、緊張を解き、気を緩める必要があることがありますね。これはごく普通のことですが、それではあなたの中に入ってこようとしている邪悪な存在に対して、あまりにも無防備です。ですから神に尋ねてください。

「神よ、私は今、少し疲れています。あなたにどのように仕えたらよいか分かりません。しかし、あなたの意思に従います。私はあなたに仕えます」と。

そうすれば、どんな敵もあなたの中に侵入してあなたを利用する権利がなくなります。

そして、さらに毎晩寝る前に同じ予防措置をすることがたいせつです。別の世界には、あなたの意志に反して侵入者を入れないよう責任をもって確かめる警察官の権力があります。もしも彼らを呼べば、この世界の警官はあなたを騙《だま》して入ろうとする闇の霊を探し出してこう言います。「この家を侵《おか》し、この人を害したいと思っているのですか？　それはだめです。なぜならこの人は天に献身する身だからです」

そして彼らを敗走させるのです。

Day *57*

肉体は私たちの内側の世界を表現する言語を持つ

・・・

人は単に言葉だけで自分を表現してはいません。読める者の目には、顔の表情や仕草もまた、明らかで雄弁で力強い言語なのです。それは言わば、人間が目に見える、また見えない世界の住人に絶えず送り続けるメッセージのようなもの、秘密のサインのようなものであり、このおかげで人間はこれらの住人たちと交信に入れるのです。

話し言葉は操縦可能な言語です。話すも話さないも自由であり、話すにしても、本心と本音は隠しておけます。しかし手や足、体のさまざまな部位でとる無意識な仕草のすべて、額、目、鼻、口といった顔の異なる部位の微妙な動きは、ほとんどコントロールがききません。それらを通じてあなたは本当の自分を表現します。

そして、この仕草が調和的であるかどうかで、交信する存在が恩恵ある影響か害ある影響を与えるのかが決まります。ですから注意してください。ささいなあなたの動きが目に見えない存在を介入させ、これらの存在とともにあなたは自分の未来を築くことになってしまうのですから。

Day 58 創造者とは内なる神聖な原理に仕える人

・・・

どれほど多くのいわゆる文明人たちが、食べ、眠り、屋根を探し、生殖するといった動物とたいして変らない生活に満足していることでしょうか。

彼らは肉体的な要求に奉仕しているのであり、それを満たすために、創造主から与えられた能力をすべて用いているのです。

一方、もっと進化していて、芸術や科学や哲学の分野で貢献している人もいますが、もしも彼らがそれ以上のものはないと思っているのなら、それは間違いです。人の天命は芸術家、哲学者または学者になることにとどまりません。人は自らの中にある神聖な原理に触れることのできる、もっと高い能力を発達させるよう宿命づけられているのです。

この交流を築くことに成功すれば、神聖なる原理はその肉体的、魂的、精神的な能力に浸透し、人は真の創造者となることでしょう。

Day 59

雌雄同体は自らに2つの原理を持つことの象徴

・・・

男と女の旅は突き詰めて言えば、互いの失われた半分を探す旅だと言えます。男は女を探し、女は男を探します。彼らはなぜ互いに求め合うのかも理解していませんが、それが彼らのすることなのです。それは本能的で、ある声が彼らに、それが原統合を再び得る方法だと言うのです。そして時々、彼らは少しの間だけ表現しきれない喜びを得ては落胆と寂しさにあいます。しかし、彼らは希望を捨てずに探し続けます。

では、なぜこういうことになるのでしょうか。なぜ人はその最も深い願いを叶えるにいたらないのでしょうか。それは、男と女の融合が最初に行われるべき場所は、肉体の次元ではないからです。肉体の次元は、精神と魂の次元であらかじめ達成した仕事ができる場でなければなりません。そうでなければ、せいぜい彼らは束の間の快楽と喜びしか見いだせません。

非常に稀に、肉体的な融合をもってこの統合を実現し、持続させた人がいます。それは彼らが前もってしかるべき内面の仕事をしていたからです。まず初めに自分の中に2つの原理を統合させる努力をしなければなりません。これが両性の哲学であり、最も高尚な哲学なのです。

Day 60

はじめに正さなければならないような間違いは避けること

・・・

やるべき仕事があるときには、まずあなた自身が落ち着くようにしてください。もしもそれが手で行う仕事であれば、最初の動きに集中してください。そして間違えないようゆっくりと行ってください。徐々にその行動のスピードを上げて、望む速さに達するまで何度も何度も同じ動作を繰り返してください。徐々に楽にできるようになりますが、仕事は完璧なままでです。

今現在、さまざまな分野において失敗をするのはなぜでしょうか？　それはこれまで意識することなく、そうした間違った慣例（しきたり）にどっぷりとはまっていたからなのです。最初の動作、最初に接触した人や物に注意を払わず何気なく行ってしまい、その代償を今払っているのです。時とともにそれは積み重なり、より重大になります。過去に刻まれた過ちを今になって正すことは難しいものです。だったら新しいしきたりを学ぶほうがずっと簡単でしょう。

Day 61　洞察力と謙遜は人生の罠を避けるために欠くことのできない性質

・・・

人生の中で陥《おちい》りそうな罠にはまらないためには、とりわけ謙遜と洞察という2つの性質を伸ばさなければなりません。洞察力は知性の特質で、謙遜は心の特質です。洞察力はあらゆる状況において真実と偽りを見分け、裏に隠されている現実を見分けます。洞察力は私たちにとるべき方向を示し、つまずくのを避けさせ、過ちと幻想から守ってくれます。

謙遜とは、無視され蔑《さげす》まれてさえいる特質です。謙遜の価値は、その反対のうぬぼれがどれだけ危険なものかを理解しない限りは計ることができません。うぬぼれは神聖な世界から人びとを遠ざけてしまいます。天から生きた水を運んでくる流れを止めてしまいます。ですから、洞察力を養うと同時に、謙遜も養わなければなりません。洞察力は進むべき道を示してくれ、謙遜は、神聖な世界の流れへと私たちを開いてくれるのです。そうすることで神の領域からの流れが開き、その流れが道を進むうえで生命を維持するのに必要なものを与えてくれるのです。

Day 62

指導者と精神的な修練の判断基準

・・・

生徒たちと一緒に精神的な修練を進めていくうえで、指導者は誰が本当に信頼できるかを把握しておく必要があります。指導者が頼りにできるのは、本当に自分を自由にする必要がある人、自分の弱点を克服する必要がある人だけです。その他の人に指導者は幻想を抱いてはいません。その人たちはすぐに指導者のもとを去るか、あるいは害を与えようとさえするでしょう。

しかし、その人たちも来るには来たのですから指導者は受け入れます。彼らにチャンスを与え助けようとするのです。それは、指導者は1人ひとりにとって、人生がどれほど困難にあふれたものなのか知っているからです。彼らはおそらく条件に恵まれず、良い模範にも恵まれなかったのです。でもそれが現実で、指導者には何が起こるか分っています。

だから指導者は自分のもとに新しい人が来ても、その人の社会的地位や学位とか富といったものには興味を示しません。彼が興味を示すのは、訪れる人たちの持つ理想であり、その目ざす模範です。それがその人の言葉だけでなく、視線、動作、その人の発するものすべてにおいて、指導者は見いだそうとするものです。というのもこれらのサインは、時には気づかないくらい微細なものであっても、その人を実によく表しているからです。

Day 63

霊界のエネルギーの働きを知るには木を見るといい

・・・

人の中で霊界のエネルギーがどう動き、作用しているかを理解するには自然界のエネルギーがどのように動き、作用しているかを観察することです。木を見てください。

枝や幹が上に育っていくと、地中深く根を張ります。これは物質界、心霊界、精神世界と、すべての領域に存在する代償と均衡の法則です。意識の中で高く上れば上るほど、人間はその潜在意識深くに降りていきます。

スピリチュアル（＊訳注）な生き方をしていこうと決めた人は、自分が持っている暗い世界の現実を無視するという過ちを犯しがちです。彼らは光のために働き、賢く、正当で無私でありたいと欲してさえいれば、つつがなく目標にたどり着けると思い込んでいますが、意識のどのレベルにおいても、特定の流れや力や存在があります。スピリチュアルの道ではこの2つの内面世界のバランスをとることに注意しなければなりません。

Day 64

神に仕えることとは真の豊かさの恩恵を受けること

・・・

人間は、存在するものはすべて自分たちのために捧げられるべきだといった生命に対する非常に単純な観念を持っています。可能となれば、いつだって他の生き物からありとあらゆる方法で搾取します。

自然についても、まるで人間から搾取されるためだけのものと考えているようです。もしも神を隷属させることができるならば、何の良心の呵責《かしゃく》もなくそうすることでしょう。少なくとも唯物主義者と無神論者は神を信じていませんから、神を放っておいてくれます。

しかし信者とくれば、自分の要求をもって神をうるさくせっつき、自分勝手な思惑で神を利用しようとする以外に、何をするのでしょうか。

神に仕えない限りは、真のスピリチュアルな人間であるとは言えないのだと理解してください。そうすれば、神に対して何もお願いする必要がなくなります。あなたが神に仕えはじめたとたんに、神はあなたに富の恩恵を与えるからです。真の富とは、決して変わることなく、あなたから奪うこともできないものです。

Day 65 光とは、集中していなければ見つけられないもの

・・・

いったいどれだけの人が「光を探している」と言うことでしょうか。彼らが真摯《しんし》であることは疑いません。そして彼らは闇よりも光のほうがよいという理解もあります。しかし、彼らは努力をせずにして得られる光を求めているのであり、そのせいで、より深い努めをするために立ち止まろうとはしません。彼らは精神世界の本をあれこれ読み、そして「光を探している」と言うのです。

今、新しいスピリチュアルのムーブメントが立て続けに顕れています。過去の秘儀は復活

の最中にあり、そこに新しいものが加わって、そんな中で人びとはあちらこちらへとさまよい続けています。漂い流され、自分を助けてくれる何かを求めているのです。そして光を見つける代わりに、暗闇の中で人生最期の瞬間まで手探りで探し続けるのです。

Day 66 転生について神が私たちを無知なままにしておく理由

・・・

自らの進化のために過去世を知ろうと求めるときが、誰にでもきっとやってきます。しかし、その前にまずは自分の内面の統制が必要です。あなたのことをよく知っている人または家族の一員が、あなたの別の人生においてあなたを殺し、迫害した最大の敵だったと想像してみてください。あなたはどう反応するでしょうか？　それ以降は、彼らの振る舞いをどのように解釈するでしょうか？

あなたがある人に今回の人生で出会ったということ、そして、あなたがある家族に属するということは、しばしば、彼らと取り組むべき課題があるということを意味します。

そして、過去世で権力を持ち、栄光に輝いていたと分かった人たちはどうなるでしょう？　彼らには過度のうぬぼれに陥《おちい》らないという理性はありますか？　もしも彼らが自分の思考や感情をどう制御してよいのか分からないとすれば、その結果はどうなるでしょう？

隠されていた事実を明らかにすることは、時として危険です。それを知ったことにより、復讐をしたい欲望が沸き起こるかもしれませんし、彼らの進化を妨げる野心が生まれるかもしれません。他人の転生について明かすことができるという人たちがいますが、この人たちは心理学者でも教育者でもありません。もしも過去世を知ることがそんなに重要なのであれば、なぜ今、神意が彼らから過去世を隠しているのでしょうか？　まさにそれこそが神意なのです。人間が過去の過ちを償うためには、知らないままでいるのがよいからなのです。

Day 67 健康を維持する方法

・・・

ある人が素敵な車を買いました。最高級のガソリンを入れ、高品質のタイヤを使うなどして、うまく車のメンテナンスをしています。ところがその車で出かけるとき、持ち主には注意力や自己制御力がなく、スピードは出すし、突然ブレーキをかけるなど、運転技術はひどいものです。可哀想に、この車はひどく扱われています。これではこの車はすぐに使いものにならなくなってしまいます。実は、これは多くの人が自分の肉体に対して行っているのと同じことです。

人は自分の肉体がいかに驚くべき精巧なものかということに気づいていませんし、どこでつくられているのかも理解していません。精霊たちがどれだけの手間をかけ、神が全システムを完璧なものにするのにどれほどのことをしてくれたのかに気づいていません。

あなたは「自分の肉体の面倒を見ている」と言うことでしょう。しかし、保健衛生や食生活に気を配っているといっても、それで十分ではありません。本当に健康に満ちあふれていたいのであれば、自分のエネルギーをたいせつにし、注意深く慎重な運転手でいなければなりません。言い換えると、情熱的な状態や混沌とした思想や感情は、あなたの肉体に影響を与え、疲れさせるので、避けるべきものなのです。

Day 68

無になる訓練の危険性

・・・

精神世界の教えの中には、心の中を空っぽにする訓練を伝えているものがあります。その教えでは空になったスペースに光を呼び寄せ、ある存在が彼らを満たすということだそうですが、この方法はとても危険で私はお勧めしません。自分の中を空にするということは自分自身を受け身にするということで、その状態では神聖さを呼び込むどころか、むしろやってくるのは闇の存在たちです。闇の存在たちは、防御されていない創造物を見て〝住処《すみか》ができた〟と歓喜することでしょう。

活動的な原理をあらかじめ作用させて自分自身の中の清掃と浄化の作業を行うことなく自らを空っぽにしてしまう人は、劣悪な存在たちの餌食となります。

来てくれるのは聖霊だろうと思って自分を空にしますが、確かに来るものはあっても、それは聖霊ではなく悪魔なのです。聖霊はあばら屋には来ません。彼らは純粋で明るく、準備が整っているところに居を構えるのです。

Day 69 善と悪の相互作用

・・・

光と闇、善と悪……。人類はずっとこの二元性に従わされています。あなたが何をしていても、常にある勢力があなたを一方に押しやり、また別の勢力が隙あれば反対の方向へ連れていこうと狙っていていることを覚えていてください。あなたが善を施すときは、善の力があなたを引き寄せたということです。しかし、悪は悪で目を光らせていて、あなたを惑わせる瞬間を待っています。気をつけてください。あまり高潔すぎることばかりしようとすれば、悪が余分な高潔さを食い荒らすことでしょう。時にはすべてを飲み込んでしまうこともありますから、高貴なことであってもやりすぎるべきではありません。逆の力を放つことになるからです。こういうセリフがあります。「最良の敵は良である」。

なぜなら、高潔でありすぎると悪を刺激するからです。しかし、こういう事実もありますので元気を出してください。あなたが間違いを起こすとき、善もまたあなたを見ていて、あなたを救う方法を探し出そうとしています。もしもあなたが誠実でまじめであれば、あなたの間違いは、いつの日かスピリチュアル（＊訳注）な豊かさに繋がる経験となるでしょう。

Day 70 スピリチュアルのチャクラに光の流れを捉える準備をする

・・・

私たちは、いつでも見えない世界から警告や知らせや何かに対する答えを受け取ることができます。ですから注意を払い、耳をそばだてていてください。そうすれば、存在や流れが来たときに、一種の閃光のような警告があなたに届きます。すぐにこの性質を理解する努力をしてください。まばゆい流れがあなたに軽く触れているように感じたら、この流れがあなたを取り囲むまでじっとしていて、この流れがあなたの魂に充満するのを待ってください。すると、あなたが何をしようとも流れは一日中あなたとともにいてくれます。

流れがスピリチュアルなものであればあるほど速く流れていきます。神聖な流れは空間を光の速度で流れます。だから精妙な中心であるチャクラがすぐに反応して対応できるよう準備をしていてください。

Day 71 経済とは予測の科学・・・

良い経済学者は、富の生産や分配だけでなく予測もできなくてはなりません。経済とはまさに予測の科学です。そして予測するということは、今通用するからといってその解決法に満足することではありません。満足してしまえば、後はどうなってしまうのでしょうか。一度国家が行こうと決めたその道が、実は危険な道だと判断しても、引き返すことは非常に難しいことです。そのような状況は今までに幾度も見られました。

「しかし、ほとんどの市民は国の方針を変える手段などないというのに、いったい何ができるというのでしょうか？」と言う人もいるでしょう。方針転換に直接携わらなくてはならないだけではなく、実は経済とは、単に経済学者だけが行うものではなく、私たち全員がかかわっているものです。人間として、生命組織のグループとして、私たちには行動できることがあります。しかし、そうするには自分たちの意識や責任感を成長発達させなければなりません。

もしもこの意識改革が行われなければ、経済は繁栄をもたらすかもしれませんが、その代わり多くの国々を破滅へと向かわせることでしょう。

Day 72

太陽の光は私たちが黄金に変えられる糧

・・・

春が来ると私たちは、朝日の光から滋養をとりはじめることができます。光は最高の栄養です。澄んだ空気、目覚めた土、周囲の木々もまた私たちに潤いを与えてくれます。問題はそれをどう料理すればよいかということです。私たちは、思考と愛を使ってこれらの自然界からの要素によっておいしい料理を作ることができるのです。

スピリチュアルな生活とは栄養を摂取することです。私たちが外側から受け取るすべてのものを、智恵、善、力、平和に変える芸術です。まずは朝日にすべての意識を集めることによって、この変化に貢献できます。それから日々の活動に戻るわけですが、そのたびに私たちは満たされ、より強く、より豊かになった自分を感じるでしょう。そう、より豊かになったのです。なぜなら太陽から受け取る光はエーテル（＊訳注）の黄金だからです。この黄金は銀行に集められたすべての鋳塊《ちゅうかい》よりずっと価値があるでしょう。

Day 73
光とは、常に行動を起こす前に思い出すべきもの・・・

もしも夜中に電話の呼び出し音や、開けっ放しにされた窓がバンと音をたてたり、誰かがドアをノックしたりするといった何かの騒音で起こされたとしたら、暗闇の中で本能的に真っ先にすることは、すぐに出来事に対応しようと急《せ》くのではなく、照明のスイッチをつけることでしょう。そうすれば、まずは見えるようになりますから。

これは人生のいかなる状況においても同様です。どのような状態であれ、最初にすべきことは照明のスイッチをつけることです。ここで明かりをつけるというのは慌てて行動に移ることではなく、自分の内に入り、最善の解決法を見つけられるよう、天に助けを求めることです。光がなければ、私たちは右往左往し、あらゆるドアを闇雲に叩き、あらゆる手段をとることでしょう。しかし、それでは無駄に終わってしまいます。

最もたいせつなのは、どうすれば内面の明かりをつけることができるかということです。それにより、多くの損害と時間の無駄を避けることができるのだということを忘れないでください。

Day 74

神を最優先にするべき理由

・・・

常に神を最優先するよう努めてください。すべての欲望、個人的な興味などの上に神を置けば、多くの前向きな変化があなたに起こることでしょう。そして何よりあなた自身が整った世界となることでしょう。神を最優先し、あなたの中の最上段に据えるということは、揺るぎない心の平安を見つけるようなものです。しっかりと固定された物体は揺らされても自然にバランスのとれた位置へと戻っていきます。しかし、固定されていなければ落ちてしまう。これは私たち人間も同じです。

私たちが神の上に堅固に支点を定めない限りは、人生におけるささいな動揺で私たちのバランスは崩れてしまいます。しかし、創造主に対する愛、信念、信頼の置き場を学んだ暁には、何が起ころうとも安定し、しっかりしていられることでしょう。

Day 75 高次の魂は神聖な私たちの一部

・・・

人は誰しもが高次の魂を持っています。今はその存在に気づいていないかもしれませんが、高次の魂のことを考えて、触れようとすれば、徐々にその存在があなたに近づき、あなたを助け、支えてくれるように感じることでしょう。

一方、その努力をしないのであれば、その遠く高いところから高次の魂はあなたのことを気にとどめもしません。あなたが問題を抱えていようが、苦悩していようが、素知らぬ振りです。

「それは私の魂だというのに、私のために何もしてくれないなんて、いったいどういうことなのでしょうか？」とあなたは言いたいでしょう。あなた自身、それが何であるのか知ろうともしないのに、どうして高次の魂が何かをしてくれると期待をするのでしょう。まず理解しなければならないことは、高次の魂とは、一般的に魂と呼ばれる心霊的原理とは別の性質のものだということです。

一般的にいう「魂」とは、実際にはアストラル体（＊訳注）といって、感情と情緒と欲望と情念を司るものです。低次の魂は私たちと日常をともにするものであり、もがき、悩み、叫びます。一方、われわれの神聖な魂は純粋な光であり、動揺も苦悩も知らず、遥か高いところにあります。この魂のある高次元こそ、私たちが到達するために努力をすべき場所なのです。

Day 76　試練の中で抱く疑問の答えは自分自身の中にある

子どもの死に直面した親は絶望に陥《おちい》り、愕然として〝いったいどうして？〟と考え続けます。司祭や牧師は「それが神のご意志ですから」と答えるでしょうが、それがいったい何の慰めになるでしょう。わが子が病気になり、死にゆくことが本当に神のご意志だったのでしょうか？　ある晩、息子が友人と飲み過ぎて交通事故で死ぬことが、神が求めていたことだというのでしょうか？　自分の子どもが薬に溺れ、自殺することを神が求めたことだというのでしょうか？

苦悩に満ちた人びとが答えを教会や医者や心理学者に求めるのは理解できます。得られる答えは、問いを受けた人びとの性質によってさまざまでしょう。しかし、彼らが知るべきことは、大きな試練のとき、本当の答えは彼ら自身の中にあるということです。したがって、必要とあれば誰かに問いを投げかけつつも、この人たちは自分自身の中に、自分の魂、精神の中に答えを探す努力をすべきです。唯一彼らに平和をもたらす回答は、彼ら自身の中にある神に問いかけることによってのみもたらされるのです。

Day 77

警告はどんな出来事の前にも受け取っているもの

・・・

私たちに重要な出来事が起こるときは、通常、先だって警告サインが出ています。しかし、私たちは自然の言語を理解しないので、4元素や植物、動物、夢などからもたらされるメッセージの読み方を知りません。科学的装置を使って地震や火山の噴火、台風や高波の前に探知される前兆とまったく同じことで、あらゆる出来事の前にいくつかの警告が出ています。それは、私たちの体の中で、ある器官の状態が他のすべての器官に影響するのとまったく同じことです。

宇宙はひとつのまとまりです。したがって、その構成要素の間には繋がりがあります。

世界のどこかで何かが起こると、そこから振動が放たれ空間を超えて広がり、それをある存在が感知して受信し、そして最初に警告を与えることができるのです。このとき、私たちの内部の生命も同様に警告を受けているのです。

Day 78 怒りのエネルギーの扱い方

・・・

あなたの中で怒りが込みあげてきたら、すぐにそれを仕事のための積極的な捌《は》け口として使ってください。怒りが生み出すエネルギーの勢いは、いつでも肉体や心理的活動に使えます。家の中やそれ以外の場所でも、何かすることを見つけるのはそれほど難しいことではありません。普段見過ごしている細かい仕事はたくさんあるのですから。

怒りが生み出すエネルギーで掃除をしたり、部屋を片付けたり、庭の草むしりをしたり、親戚や友達や誰でも助けが必要な人に手を貸したりすることができます。

内面で起こる怒りのエネルギーを否定したり、怒りの力と闘おうとするのは不可能だし論外です。私たちは怒りのエネルギーを利用することで、その力を自分たちの味方につけることができます。さもなければ、怒りのエネルギーに支配されてしまいます。自分が強くなるか弱くなるかは、まったくもって自分次第なのです。

Day 79

自然の精霊の力で神の王国をこの地にもたらすこと

・・・

朝、日の出を見るために家を出るとき、生命に出会う道を進んでいるのだということを覚えておいてください。あなたの周りを取り囲むすべての自然が、すべて生きています。鳥も動物も木も花もです。生命とは、そこに住んでいる数えきれないほど多くの、目に見えないけれども実在する創造物も含めた宇宙全体です。ですから、彼らにも挨拶をしましょう。彼らに「澄んだ朝や、あらゆる存在の目覚めが嬉しい」と伝えましょう。意識を持っていて、私たちすべてが属している生きた組織であるこの自然、この中にまた多数の生命体がいて、人類の進化に貢献する用意があります。土、水、空気、火、そしてそれらの中に住む生命体が、平和と調和と美をつくるために努力している者たちすべてを助けると永遠に誓ったのです。ですから神の王国が地上に到来するよう、生命体に頼むのです。

いつの日か、何十億という精霊たちが人間の心と思考に棲《す》みつき、働くようになるでしょう。そして天はあなたを、神の王国という新しい世界をつくるために参加する者、源泉、神の子だと認識するでしょう。

Day 80　思考は強力だが集中を要するもの・・・

思考にどれほどの勢いがあり、思考でどれだけの仕事を達成できることでしょうか！　ただし、そこにはひとつ「集中すること」という条件があります。もちろん、自分の思考を流れるまま、思うまま、放浪するままに任せている限り、何も達成することはできません。「集中」はスピリチュアル(＊訳注)な生き方には不可欠な行為なので、何年かかっても根気強く練習すべきです。人生には集中力が実を結んだ例が何千もあります。

誰もが、太陽光を虫メガネに通して紙の上の一点に集めて楽しんだことがあると思います。この現象を心霊界に置き換えてみると、十分長い時間一点に思考を集中すると、その力があなたの中にある材質を燃えあがらせます。あなたは熱と光の中に生きることでしょう。

Day 81　愛とは生命の水・・・

これまで水不足によって、どれほどの土地が砂漠と化したことでしょうか。また、どれほどの砂漠が水の供給によって肥沃な土地となり甦《よみがえ》ったことでしょう。

水は生命の流れです。自分自身が肥沃な土地のようになりたいと願うなら、水、すなわち生命を流してください。そしてどのような木が生え、花咲き、実をつけるのだろうかとか、どのような鳥がこれらの木々に歌いにやってくるだろうかなどと考える必要はありません。〝でも、まず私はこの木やこの鳥がどこにあるのか、そしてどの枝で鳥がさえずるのか知りたいのです〟と思うでしょうね。

もしも水を流す前にすべての詳細を知ろうとすれば、草が育つことも鳥がさえずることもないまま、何世紀も時が過ぎてゆくことでしょう。まずは水を流してください。そして、どうやってすべてがあるべき場所におさまり、さえずり、開花するのか見てみてください。水を流すということは、愛することを決して忘れてはならないということです。何が起ころうとも決してあなたの心を閉ざさないでください。そんなことをしたら、あなたの内面は砂漠化してしまいます。他のものにあなたからの愛は必要ないとしても、あなたには何かを愛する必要があるのです。

Day 82

音楽は精神作業の手助けをする

・・・

音楽とは単なる心地よい音の連続ではなく、力と振動の集まりです。音楽で魔法の世界に入っていけるとも言えるでしょう。自分を空間へ投げ入れるためだけでなく、音の振動の力を創造に使うこともできます。音楽は精神作業の助けにもなります。思考を流れゆくままに任せるのではなく、その反対に意識をしっかり持ち、思考を集中して、自分の内側と世界で何かしら美しく高貴なものを実現できるようにしましょう。

瞑想が難しいという人には、ここにひとつ良い方法があります。光り輝き、心を高揚させるイメージに集中してください。そうすれば、音楽が光と美の高みの世界に連れていってくれます。まるで音楽があなたを運ぶひとつの力のように思えてくるでしょう。音の力を使う方法を学んでください。

Day 83

原因と結果の法則は創造の基盤

・・・

多くの人が、犯罪者が裁かれずにいるのを見ると憤然として怒り、「地上に正義などない」と言い続けます。そして彼らは自らの怒りに蝕まれてしまいます。特に、彼らが人間の正義の及ばない神聖な正義が存在することを信じていなければ、状態はもっと酷《ひど》くなるでしょう。

事実、神聖な正義は存在します。そしてそれは宇宙を支配する「原因と結果の法則」に基づいています。結果のない原因はどこにもありませんし、どの事柄も、どの出来事も原因に基づいた結果なのです。原因と結果は分かちがたく結びついています。

しかし実際は、原因と結果の機能を観察するには、地上のひとつの人生ではあまりにも短かすぎます。もしも私たちがもっともっと長生きすれば、いくつかの原因の結果を見ることができるでしょう。そうすれば、罪を犯した者がどのような罰を受けるのか、善良な人びとがどう報われるのかを目にすることができるでしょう。もしもこの転生でなければ、次の人生で。法則は絶対ですから。

Day 84 スピリチュアルな太陽だけが能力と美徳という種を育てる・・・

創世記から、創造主は人にあらゆる種類の種を植えつけました。それらは美点、美徳、能力、才能です。いまだに実をつけていない種がたくさんあるのは、そこにぬくもりや光をもたらす太陽がまだ現れていないからです。私の言っている種が現実のものなのかどうか、どうやって確かめられるのかと思う人には、私はこう答えることにしています。「太陽の下に行ってください。種から芽を出させるのも、日の光の下に出るまで育てるのも太陽なのですよ。そのうえで、もう一度考えてください」と。

しかし、私たちの中にある種については、もちろん、スピリチュアルな太陽(＊訳注)や精霊が育てます。物質的な太陽は、物質の次元の現象がスピリチュアルな次元とどのように対応しているかを私たちに示しているのです。

Day 85

思考と感情は光の王国と私たちを結ぶ、養うべきもの・・・

思考と感情はエネルギーの流れですから、自分の頭と心に受け入れるものの性質に常に気をつける必要があります。さらに、これはあなたにとって常に関心事のひとつであることが望ましいでしょう。日々、少なくとも2、3分、光の領域と繋がるような行動をしましょう。最も美しいイメージ、最も高い意識の状態を惹きつけ保てるようなことを選んでください。これが1日の中であなたの最も重要な瞬間なのだと、あなたの将来と救済はこの瞬間に左右されるのだと肝に命じてください。

はじめはこの活動から有益な結果は見えないかもしれませんが、それでも続けてください。いつの日かそれがはっきりと見えるようになるでしょう。何か偉大で純粋なものがあなたの中に棲《す》んでいると徐々に感じるようになります。そして、たとえあなたに何が起ころうとも、この内面にある存在は、常にあなたに強さや平穏や喜びをもたらすことでしょう。

Day 86

スピリチュアルな経験は、長期間にわたって準備すれば危険はない

・・・

自分の高次の魂とひとつになれる日は、一目惚れと似たような体験です。2つの存在が出会ったその瞬間、一種の光が走り、互いの魂が解けあうのです。しかし、自分の高次の魂とひとつになりたいと思うだけでは十分ではありません。肉体の準備も必要です。神聖な世界からのエネルギーのバイブレーションを圧倒されることなく受けられるようになるまで、何年にもわたる努力が必要です。なぜなら、あまりの美しさ、あまりの光、あまりの愛に耐えきれない瞬間があるからです。それはちょうど人が誤って電気ケーブルに触れて感電する事故のようなものです。人は、神聖な愛の力と、急に接触することがどういうものなのか知りません。電圧を下げるための変圧器のようなものが人間の中のどこかに存在するにもかかわらず、不注意に触れれば感電してしまいます。ですから、自然界のスピリチュアルな経験の正しい情報、知識を持っていなければならないのです。

Day 87

クリスタルは自分を純粋にさせる道具

・・・

クリスタルは地中から来ています。いったいどうやってその厚く暗い内部から、このように澄んで純粋な物質を地は生み出すことができたのでしょうか？　私たちも自分の感情と自分勝手な欲望を心の中で変化させることによって、同じ仕事を達成しなければなりません。その方法は、まずは想像力を使ってです。想像力とはひとつの力であり、私たちの中にクリスタルの純粋さを浸透させるのに、これを使わない手はありません。想像できるものはすべてが現実となりうるのです。

これはどういうことなのかと言えば、一度この純粋さを感じ取ってしまったら、あなたはもう暗い感情や欲望に耐えられなくなるということです。暗い感情が訪れれば、たちまちあなたの中に警報が鳴り、あなたは自分をもっと軽くしてくれるような、より寛大で、より無私な感情によって、それらを置き換えようと突き動かされることでしょう。ですから、自分がクリスタルのように透明なのだと想像してください。徐々にあなたのエーテル体（＊訳注）、アストラル体（＊訳注）、メンタル体（＊訳注）が澄んできます。そして天の流れがあなたを通り抜けます。ちょうど光がプリズムを通り抜けて7つの色に分かれるように。

Day 88

活動と受容のアジュナ・チャクラ

・・・

もしもあなたが働きすぎで疲労困憊《こんぱい》しているのなら、横になったり、コーヒーや他の刺激剤を大量に飲んで、元気を取り戻せるつもりでいるのもよいのですが、簡単にできるエクササイズがあります。

一例を挙げましょう。座って両目の間の一点に集中してください。この一点は、ヒンドゥー教ではアジュナ・チャクラと呼ばれます。何も考えないで、ただ呼吸をしてください。そして自分が光の海原に浮かぶような気持ちになってください。この状態は受け身のようですが、実はひとつの活動の形です。徐々に平和と調和が自分の中に広がっていくのを感じるでしょう。この平和と調和のおかげで、あなたはエネルギーと精妙な霊気の大気を引きつけ、再び力に満ちて仕事に戻り、日常の義務を果たせるようになることでしょう。

Day 89

受け取った後に与えることは、公正の第1の原理

・・・

与えることと受け取ることは天秤の両皿のようなものです。受け取ったらバランスを保つために与えないといけません。そして、たとえあなたが受け取っていなくても与えることは必要です。こうしてバランスの動きを起こして、そのお返しとして何かを受け取るのです。

しかし、まずは少なくとも受け取ったら与えるということ学んでください。それ自体が進歩です。あなたを取り巻く人びととの関係を思い返し、あなたが自分の両親、子ども、友人、そして社会に、さらには自然、そして神にいたるまでに対してどのように振る舞っているのか誠実に見つめてください。そうすると、あなたが目に見える、または見えない創造物から多くを受け取っていて、お返しのことなど気にもとめていなかったということが分かるでしょう。それゆえ、あなたには負債があります。

人が生まれ変わるのは、その負債を返済するためです。私たちは皆、例外なく返済すべきカルマを持っています。それが個人的なカルマなのか、集合的なカルマなのかは大きな問題ではありません。個人的なカルマと同様に、社会的、国家的、人種的なカルマもあります。しかし、そのどれなのかを問う必要はありません。私たちは自分の負債を返済しなければな

りません。ただそれだけです。それが公正なのです。そして、あなたが「公正」という言葉を聞くとき、あなたの内のすべて存在は震えるべきです。この言葉には宇宙のバランスの秘密が含まれているのですから。

Day 90

精神と物質は、生命に仕えるため共に働く

・・・

精神と物質という2つの原則は相反しているように見えますが、実は2つは一緒になって生命に奉仕しています。物質の原則が日を追って成長し、その領土を人間の中に広げていく一方で、精神も手をこまねいてはおらず、もっと精妙な領域も存在し、それを見に行くべきであり、もっと偉大な仕事があり、それを成し遂げなければならないのだと人間に示そうとしているのです。

人によってはこれを拒否し、頑固にすべての努力を肉体的な次元に注ぎ込んでいます。肉体と物質的な条件を無視してはいけませんが、地上にいるのは一時《いっとき》だけなので、そこに制限を設けるべきです。このことを理論で理解しているだけでは十分ではありません。

物質はどんな形態であれ、束の間のものであり、当然私たちの肉体も然りという意識が、

私たちに精神を探し求めさせます。そして、精神は形態を崩壊させてはまたつくるという過程を絶えず繰り返さなければならないのです。ここにこそ私たちの進化のための重要な条件のひとつがあるのです。

Day 91 明日は今日準備される・・・

今日を一生懸命生きようと努力してください。そうすれば、すべてが明日のために調和をもって整ってきます。今日をだいじにするばかりに、長期的な視野を失うことを恐れていませんか？　その必要はありません。あなたが道を歩いているとき、道に迷わないように足元ばかりを見ているわけでもなく、遠くばかりを見ているわけでもありません。そんなことをしていれば、穴に落ちたり、障害につまずいたりすることでしょう。

この方法をスピリチュアル（＊訳注）な生き方にも適用すればいいのです。肉体レベルでの歩き方を知っているのですから、スピリチュアルなレベルでの歩き方も知っているはずです。足元を見てください。日々行うことすべてに注意を払うことこそが重要です。そしてあなたの理想である完璧な神聖をよく見つめてください。そうすれば正しい道から逸脱することはないでしょう。

Day 92 線はよりきつくもでき、切ることもできる

・・・

あなたの人生における「線」の役割について考えたことはありますか？　電気設備から電話、ラジオ、コンピューターにいたるまでのさまざまなものに、多くの線が絡まっていますね。人間関係にしてもそうです。人間関係とはそもそも何でしょうか。1人ひとりが他者に向かって張る線がありますが、この線を切ってしまうことも、またあるわけです。ただ、切るときには正しい判断で行わなければなりません。実際、張ってよい線もあれば、切ったほうがよいものもあります。

自由とは何でしょう？　それは誰に、そして何に繋がっていたらよいのかを知るための、各自が持つ能力です。これはまた誰と、そして何と自分を切り離したらよいのかを知るための能力でもあります。結びつける力は愛であり、解く力は智恵なのです。

線については発見すべきことがたくさんあります。魔法の杖とは一種の線であり、上の世界と下の世界を繋ぐものです。では太陽光とは何でしょうか？　太陽は日々、私たちに線を

送ってくれています。太陽まで高くのぼるには、私たちはこの線につかまらなければならないのです。

Day 93 愛は宇宙全体に広がっている・・・

一般的に、愛について人間が持っている概念は、互いに与えあえる何かです。しかし実際には、愛は宇宙全体に広がっています。ただ愛はとても精妙でまばゆいため、人には見えず、感じることもできないのです。それでも男性が女性に、女性が男性に求めているものは、実際にはこの無形の要素に他なりません。彼らが抱きしめあうとき、いったい何を受け取っているのでしょうか。お互いに食べたり飲んだりできるようなものは受け取っていません。自分たちが探しているものが触れたり、所有したり、抱きしめる肉体ではなく、精神的な要素なのだと理解しない限り、自らを失望させる状況にさらし続けるのです。

男女とも、いまだに与えあうことを学んでいないこの精神的な要素とは、神の愛です。吸収したり、呼吸する神の愛とは、唯一、不純さや不満を残さない愛です。この愛を求めてすべてを犠牲にした秘儀参入者たちは、いつでも幸せで喜びにあふれ、満たされています。なぜなら、彼らはいつも神の愛の源泉を飲んでいるからなのです。

Day 94 スピリチュアルな真実を受け取るために

・・・

感情や興奮や情念の赴《おもむ》くままに身を任せることは、当然のことだと思いますか？　確かにそれは自然なことなのかもしれません。しかし、たいせつな問題を解決したり、人生についての重要な真理を理解するために熟考が必要なときに、あなたの脳がどのような状態なのかなどと考えたりはしないでしょう。

あなたの脳が強くなって、常に稼動しているためには、やることすべてに注意深く、敏感で用心深く、節度を持たなくてはなりません。さもなければ、どれほど偉大な神秘の謎があなたの目前で解かれようとも、何も分からず、何も聞こえず、何も見えないでしょう。それではあまりにも残念です。あなたを衰弱させるような心配事で時間やエネルギーを無駄にしないようにしましょう。そうすれば、光と自由への道を開く真理が現れたとき、あなたは覚醒して、明晰な状態でいることでしょう。

Day 95

明確な目標の実現に向けてすべてを配置する

・・・

明確な考えや正確な計画は、なぜたいせつなのでしょうか？

たとえば、家を建てる、もしくは旅行をするとしましょう。それ以降、家や旅行のために、あなたはこの計画と直接関係のない事柄を自動的に考慮の外に置くようになります。あなたの振る舞いはある法則に従っているのですが、いったん正確な意図を持てば、あなたはそれに関連した物、場所、人、存在、力との交流に入り、他の物はすべてが排除されていきます。すべてがあなたの中とその周りで然るべき場所に配置され、あなたの考えは実現可能となっていきます。

あらゆる種類の異質な要素が、あなたの注意を散漫にさせないよう、スピリチュアルな人生でも、正確な目標を掲げなければなりません。でなければ、口では家に帰って仕事をするのだと言って急いではいるけれど、誰かに会うと簡単に寄り道をしてしまう人のようになってしまいます。この人は真夜中にバーにいて、友人とともに飲んで遊んでいるのです。

毎朝、目覚めるたびに、スピリチュアルな理想に近づくための確固たる決心を持っているかどうか確認してください。

Day 96

運命は長きにわたり神秘的なままである

この地上に降り立った人たちは、誰しも自分が何者で、何をしにここへ来たのか、明確には知りません。顕現とは物質世界の中へ落下することです。そして物質はひとつの力であり、魂を持ったときに記憶を奪ってしまいます。魂の運命は過去世で経験したことによって決定されます。否応なくでも、選択の自由があったとしても、地上に戻る前に魂は自分を待ち受けているものを知っています。しかし地上に降り立った時点で、その記憶は消されているのです。

ですから顕現した魂は自分の未来の運命を何も知りません。最も進んだ存在ですらそれは隠されたままです。生まれたときからはっきりと自分の宿命に気づいている人はいません。もちろん人生の早い時期に、これこれの方向に引き寄せられているという感覚を受けることはあります。しかし、それはむしろぼんやりとしたものです。真の天職を知るまでには、何年もかけて探し、吟味し、苦労するものなのです。

Day 97

太陽が私たちの中の神聖な芽を育てる

時々、私にこう不満を言う人がいます。「あなたは私に朝日を見に行くとよいとおっしゃいましたよね。創造主が私たちの中に植えた神聖な種が、物理的な太陽を通したスピリチュアルな太陽（*訳注）によって育つのだと。しかし、20年間朝日を見ていますが、ちっとも変化が見えないのです」と。しかし、20年なんて実のところ、ほんのわずかな期間なのです。種によっては何世紀も必要としたり、何千年もかけて果実を実らせるものもあるくらいですから。

占星術では、速く一巡する水星、金星や月といった惑星の影響は短く表面的です。木星、土星、天王星、冥王星といった回転がゆっくりとした惑星は、もっと決定的で奥深くに影響します。ですから、たとえば仕事や家や夫や妻や子どもといった比較的すぐに得られるものもある一方で、智恵、愛、忍耐、自己制御を学ぶには長い期間が必要です。これらの性質は軌道の幅の広い惑星のようなものなのです。

ですから、長期間にわたり太陽の光で体を暖め続ける必要があります。すべての神聖な種は最終的には成長します。太陽があなたのスピリチュアルな人生に与える影響を疑わないでください。

Day 98 魔術師、奇術師、妖術師。この3分類の術使いの意味すること

魔術とは影響力を行使する術です。もしも「魔術」という言葉がほとんどの人によって誤解されているとすれば、それは言葉が持つ異なる真実に気づいていないからです。最初の、低次の本質の奴隷になっている人たちは、有害な願望に突き動かされます。その結果､手中にある物質的かつ精神的な手段をすべて使うのです。2番目のタイプの人たちは、これが大多数ですが、自分自身を明確に理解したり、自己抑制することを学ばず、良いことと害を与えることとの間を行ったり来たりします。最後の3番目のタイプは、内面の訓練を十分に実践し、良いことのために奉仕し、何をするにしても、それは良い行いなのです。

最初の邪悪なことに身を捧げるこの分類を妖術師と呼び、2番目の良いこと邪悪なこと両方の立場に仕える分類を奇術師と言い、3番目の光と愛だけの導体である分類を魔法使い（賢者）と言います。

Day 99 スピリチュアルな訓練とは完璧を目指す

スピリチュアル（*訳注）は訓練では、自分のあらゆる性向を穏やかで従順なものにし、導くということから始め、最終的にはその目標がただひとつになることが求められます。この唯一の目標とは、「完璧になること」です。この点が明確でなければなりません。

あなたの中のすべての分子が自己を完璧にするという理想に同調した瞬間、それらは調和して振動し、あなたが目に見えない世界でする経験は、真に有益なものとなるでしょう。さもなければ、精神性は危険な冒険となっていきます。

目に見えない世界に何の心配もなく接近できるとは思わないでください。そこには無数の生き物がいて、そのすべてが光り輝き、善意に満ちて、人間に好意的だというわけではありません。もし純粋でも無私でもない意図でこの世界の扉をこじ開けたなら、そこで出くわすのは天使ではなくこれらの創造物です。それは猛獣、蛇、毒虫といった生物から攻撃されるジャングルの中を歩くようなものです。これが自己を完璧にしようという目的とは異なる理由で、見えない世界へと足を踏み入れようとする人に起こることです。

Day 100

理解とは感じること・・・

宇宙とは大きな形体であり、私たちはこれと調和することを学ばなければなりません。なぜなら、この調和の中には、健康、喜び、光、インスピレーションといった、すべての良いことが含まれているからです。このように調和の達成に努めている人は、自分の存在全体が宇宙と同調して振動しているのを感じはじめ、生、創造、愛の意味を理解します。それまでは理解することはできません。

人は常に対外的に、知的に物事を理解できると思っているようですが、それは違っています。真の理解とは、いくつかの脳細胞によってだけなされるものではなく、全身を通してなされるものであり、全身のあらゆる細胞が理解しなければなりません。そこには足、腕、腹、肝臓をも含まれるのです。

真の理解とは感じることです。あなたが感じたとき、初めて理解し、知るのです。これは一度味わったら、どのような知的な理解とも比較することができないほどの感覚なのです。

Day 101

内面の状態は外の世界の見方を変える

・
・
・

気持ちが高ぶり、幸せでないとき、何もせずただ押し潰されるのではなく（というのも、あなたはいつだって、自分は何もできないと思い込むものですから）、奮起しましょう。瞑想や祈りで天と繋がることで迅速に奮起するのです。

あなたの内面の状態を改善できると、すぐに世界全体が変わったように感じます。それはあなたが異なった眼鏡で物事を見るようになったからです。

男女が恋に落ちているとき、なぜ世界はこれほど美しいのでしょうか？　彼らの中で突然何もかもが美しく、詩的になるからです。私たちはしばしば恋人たちをからかいの種にしますが、実際は反対に「あの２人からは学ぶことがたくさんある」と言って賛嘆すべきなのです。

冬であろうと、霧があろうと、雨が降ろうと、恋する２人が会うとなると、太陽は燦々《さんさん》と輝き、鳥たちはさえずり、花はあたり一面に香りを充満させているように見えます。なぜなら彼らの心の中は春だからです。「それでは主観的な世界をただ漂っているだけではないですか」とあなたは言うでしょうね。もちろんそうなのですが、主観的な世界はまさに神があらゆる力を隠している場所なのです。

Day 102

自己成長の方法は、光り輝く精霊に頼むこと

・・・

自分自身を向上させるのは難しいことです。時には努力と結果が釣り合わないこともあります。しかし、私が教えた方法を本当に実践していますか？　たくさんある中で、今日はひとつだけ復習しましょう。天と話して、こう言うのです。

「私の低次の本質でできることなんて何もありません。それは頑固で気むずかしくて、私にはそれを変えることなんてできません。天の精霊たちよ、何年もの年月を無駄にした結果、ついに私はそれが何の役にも立たないと悟ったのです。低次の存在は賢くもなく盲目で悪意があります。その代わりに、最も純粋で完璧な存在を私に遣わしてください。彼らを私の中に住まわせ、私を導き、教え、私の人生の舵取りをしてくれるようにしてください。そうすれば私は、あなたの御心をたとえ知らずにでも実現することができるかもしれません」

これは世の中にある最も良い祈りのひとつです。このフレーズを毎日心から唱えれば、必ずや成果を感じることができるでしょう。

Day 103 私たちの振る舞いはすべて霊界で記録されている・・・

誰からも見られず、裁かれなければ、何でも自由に好きなことをしてもよいと思っている人がたくさんいます。この幻想の下に隠れて、彼らはありとあらゆる違反や犯罪を犯しています。

今こそ私たち人間は、決して1人ではないのだという事実を知るときです。私たちは見えない世界から常に観察されていて、見られているのです。そしてそこでは、私たちの思考や感情、計画、行動が記録されていて、私たちの未来はこの記録が握っています。交差点で信号を守るといった、目に見える世界で非の打ちどころのない振る舞いをしているからといって、あなたが苦悩や苦しみやトラブルから避けられるわけではありません。

その理由は実に単純で、あなたが神聖な法則を破っているからです。ある委員会が存在し、そこではあなたたち全員に、常に出頭報告の義務があるのだということを決して忘れないでください。

自分の弱点を克服したり、内面の調和を達成できれば、あなたは免状を受けます。この免状は、あなたの顔や全身に貼り付けられます。目に見えない世界の存在たちはそれに気づき、尊敬をもってあなたを助けてくれることでしょう。

Day 104　指導者に忠実な生徒であること

・・・

目に見えない世界で霊的指導者たちは一丸となってブラザーフッド(＊訳注)を形成しています。どの指導者も、あなたが他の指導者を愛し尊敬するのを見れば幸せです。彼らは嫉妬とは無縁ですから。指導者に忠実でいることは、他の指導者に出会い、教えを受けるのを拒否するという意味ではありません。

しかし、たとえ生徒が他の偉大な霊的存在と心を交わしても、彼らは自分の中に火を灯したような存在である自分の指導者から離れないでしょう。地上にその痕跡さえ残さなかった偉大な存在もいます。彼らは人の視線や喧騒から離れ、人間が接触できない領域で膨大な精神修業をしてきました。彼らが忍耐と沈黙と秘密裏にこの努力をしたことで人間の進化が持続してきたという、ものすごい借りが私たち人間にはあります。そのような存在を尊敬し、心と魂を捧げるべきでしょう。

Day 105

銀行に取引があるように人間にも取引がある

・・・

人間は銀行にたとえることができます。銀行の役割を説明すると、銀行は資本の受け取りをし、お金を運用します。取引をする顧客の数が多ければ、それだけ銀行は儲かります。取引があるということは、そこに企業が存在し、この企業と関係があるということです。取引を停止するような銀行はすぐに倒産に陥《おちい》ってしまうでしょう。

これと同じことで、集団と繋がって生きるのを拒否する人間は、自らの取引の可能性、つまり「資本金」をつくる可能性を奪ってしまっています。そして徐々に自分の財産すら失ってしまいます。秘儀参入者たちがお金持ちなのは、すべての人が内面に豊かさを持っていて、それに気づき引き出さねばならないのを知っていて、彼らが世界中とスピリチュアルな取引をするからです。このような取引は終わりのない新しいアイデア、新しい感情、新しい感覚を彼らにもたらし続けます。これらすべてが彼らの仕事を成功させるための手段となるのです。

Day 106

思考、感情、行動とその結果

・・・

人は自分たちが起こした騒乱の結果は、悪の本能によってそそのかされた行動の遥か上を行くものだということに気づいていません。たとえば戦争を例にとってみましょう。戦争自体がすでに酷いものなのですが、その結果は瓦礫《がれき》と数え切れないほどの死体だけにとどまりません。殺戮を引き起こした憎しみの思考と感情は、空間において破壊的な流れに注ぎ続けます。そしてこの流れは心霊界の大気を汚染し、他の戦争を引き起こす火種となるのです。

ですから、自分の思考や感情や行動が、特定の瞬間、特定の場所においてだけ結果を生むわけではないのだということを意識してください。目に見えない世界では、思考、感情、行動は、善であれ悪であれ、力を呼び起こします。そして、それがいつまで作用するのか、私たちに知る術はないのです。

Day *107*

コントロールを学ぶには食事から

・・・

セルフコントロール（自己抑制）を学ぶのは難しいことですが、とても簡単なエクササイズから始めることができます。たとえば食事の時間に自分の動きをコントロールすることを学んでください。テーブルには皿や料理、ボトルやグラスやナイフなどが置いてあります。それらを動かすときにできるだけ音を立てないようにしてみましょう。そうすれば、1日を通して自分のさまざまな行動に調和が反映されることでしょう。

騒音を立てないようにするだけでは十分ではありません。食べ物に対して注意を払うこともたいせつです。他のことは忘れ、食物のことだけを考え、神がそこに込めた力、エネルギー、活力などに驚嘆してください。この調和の状態で食べることを学んだら、1日の仕事を疲れることなく実行することができるようになるでしょう。食卓にいる間に修練を積むだけで、これだけのことができるようになるのです。

Day 108

なぜ精神世界は知的な調査から漏れるのか

知性に観察させるためには何を研究の対象にしようとも、観測する際に固定し、時には殺して解剖さえする必要があります。科学が往々にして生きているものの研究をあきらめて、動かないものや死んだものだけに力を注ぐ理由は、生きたものは絶えず動き、変化しますが、**知性**はそれを把握することができないからです。精神世界や神聖界は絶え間なく動き、最も力強い振動によって活発に動いています。ですから学者の探求の手から漏れるのは、全く驚くことではありません。

正確で、そして「科学的」であるために、研究者たちは物理的な物の観測にとどまってしまいました。しかし、これが自分の可能性を制限し、自らの影響を受け、自らの例に追随《ついずい》する者たちの可能性をも制限してしまうことに気づかなかったのです。はっきり言って、彼らの与えた例は惨憺《さんたん》たるものです。これでは人は物事の最も物質的、表面的な面を見るだけで終わってしまいます。本当は精妙で、生き生きして、振動しているすべてのもの、つまり精神世界にもっと興味を持つべきなのに。

Day 109

他人の長所と欠点を考えれば、それを自分に引き寄せる

・・・

科学は宇宙空間での波動の循環を発見しましたが、思考、感情、動作も波動を生み出し、伝わっていきます。その結果、人間の間には一種の磁気的な繋がりが存在し、もしもあなたがいつまでも他人の欠点について考えていたり、そのことについて話したり、その人たちに悪感情を抱いたりしていれば、あなたはその人たちに似ていきます。他人の悪い面ばかりを見ているとき、それらを自分に引きつけているだけでなく、あなたの中で悪化させてもいるのです。

もしもあなたの中で他人を見て気に入らない性格の一面や振る舞いが出現するのが嫌なら、それにかかわらないことです。さもなければ、いつの日か彼らのように振る舞うようになるでしょう。しかももっと酷い形で。

その代わり、彼らの良い部分について考えるようにしましょう。するとこれも同じで、いつの日か、自分が彼らの良い部分に似てきたことに気づくことでしょう。

Day 110

泉には常に湧き出す流れが必要

・
・
・

泉とはなんと奥深く意味のあるシンボルなのでしょう。泉はあふれ出て流れ出すのをやめません。私たちの中で決してあふれ出るのを止めてはならない純粋で澄んだ泉とは愛です。私たちに何が起ころうとも、誰が何をしようとも、私たちの泉が流れるのを妨げるものがあってはなりません。

多くの人びとが、自分が騙《だま》されたと知ると、他人に対して心を閉ざそうとしますが、そんなことは決してしないでください。以前はたとえ騙されていたとしても、少なくともあなたの泉は流れ、あなたは真っ先に自分の中で湧き出るこの愛の恩恵を受けていたのです。騙されたことなんて、そんなに深刻なことではありません。たいせつなことは愛が心に住んでいることです。そうすれば、あなたがどんなに落ち込んでいても、辛い経験や試練にあっても、あなたの中の泉があふれている限り、あなたに喜びやインスピレーション、強さをもたらします。

Day 111

内面のバランスを保つのに良い哲学体系

・・・

内面の均衡を見つけることはたいへんですが、それを保ち続けることはもっと困難です。なぜなら日々の生活の中で、私たちは次々と難題に打ち当たるからです。難題が個人的なものであれ、集団的なものであれ、誰もがそれに衝撃を受け、心を揺さぶられ、引き裂かれ、動揺し、呆然とし、途方に暮れるのです。

踏みとどまってバランスを保つためには、正しい哲学体系を持たない限り成功しません。良い哲学体系とは、まず人びとに自分が何者であるのか、何の材料を加工するのか、どんな道具がこの仕事のために使えるのかを教えてくれます。そして神聖な目的地である頂上にたどり着くための道を示してくれます。この頂上が彼らの目標でなければなりません。そこだけが人びとを自由にし、安全な場所となるでしょう。そしてあなたが安全でいるためには、人は神聖な頂上から目を離さず、自身をそこに結びつける必要があります。これは自分と他者の情念の波が砕け散った瞬間に、運び去られないようにするためです。

もしも彼らが押しつぶされ、方向を見失い、砕かれたとさえ思ったとしても、それはあまりにも麓付近にいた彼ら自身の過失です。安全な場所を見つけることのできる唯一の道はすでに彼らに示され、梯子《はしご》は与えられています。上へ登らない理由はないのです。

Day 112 思考を働かせながら滋養をとること

食べることは私たちに、生きるために必要な基本元素（＊訳注）を与えてくれます。しかし、私たちが食べるものからの恩恵をすべて受け取るには、食べるという行為が私たちの健康とどうかかわっているのかを意識するだけでなく、思考を働かせる必要があります。食物を一口含みながら、私たちは叡智に精神を集中し、次に忍耐、正義、愛、純粋さ、謙遜《けんそん》、感謝の心などと続けていくことができます。

思考の修行をしないで、食べることだけに満足していては、私たちは食べ物の物質的な部分しか吸収しません。したがって、私たちの霊的な生命を支えている精妙な基本元素すべてを自ら断ってしまうのです。

精妙な基本元素は集中することによってのみ得られ、これらの基本元素へと思考を導くことを学んだ者は、日常生活の問題により良く対応し、そしてより強く、より忍耐強く、より注意深くなり、神聖なる生命の顕現にも、より敏感になるのです。

Day 113

真の神殿とは無数の生命が住む宇宙

・・・

真の神殿とは神がつくった宇宙です。それは破壊されることがありません。私たち全員がこの神殿に住んでいますが、真に住んでいるのは意識が覚醒している人だけです。創造主が宇宙に住まわせた生命たちは、それ自体が神の存在の大いなる現れです。たとえその生命が目に見えないものだとしても、土や水や空気や太陽の光を通して、確かに私たちを助けてくれています。

私たちは生きています。肉体的、精神的、霊的に生きています。それはこれらの生命が犠牲を払い、私たちを愛し、私たちと交流をしようと望んでいてくれるおかげなのです。ですから、私たちは彼らと交流に入る方法、敬意を払う方法、感謝する方法を学ばなければなりません。

Day 114

豊かさを保つには、他人にその恩恵を与えること

・・・

表面的には地上は不公平だらけです。健康、美、富、才能、美徳のすべてが備わっている人もいれば、ほとんど持っていない人もいます。しかし現実には、人が生まれるときに恣意《しい》的に与えられるものは何もありません。今日人が持っているものはすべて過去の数々の人生で稼いできたものです。そして宇宙の正義は、人びとがそのとき行った努力に相当するもの、すなわち物質的、知的、そして魂的な富を今世で与えたのです。

私たちが持っているものは、ひとつひとつの人生で努力したことによる結果ですが、これは永続的なものではありません。これからの転生で、これらの報酬を手放さないためにも、思慮深い使い方をし、何より他人のために役立たせることです。

私たちが誕生時に授かったものは役立たせるべきで、その最善の方法は自分のためだけでなく他者を助けるため、つまり他者の発展を助けるために使うことなのです。

Day *115*

誠実を理由に何でも言うべきではない

・・・

すでにご存じの通り、言葉とは両刃の剣です。啓蒙をもたらし、救い、自由を与えてくれることもあれば、言葉は人を奴隷にしたり、傷つけ、虐殺することもあります。多数の人が誰かを非難し、咎《とが》め、打ちのめした末に、自分に満足しては次のように言って自己を正当化するのです。

「私は彼らのためを思って言ったのです。それは彼らが聞く必要のあったもので、私は誠実なだけです」と。実際には、彼らは自分の苛立ちや不満足を表現する必要があっただけなのです。それを彼らは「他人のために」だとか「誠実だった」などという言い訳を使うのです。なぜ、怒りに支配されているときに限って「誠実」などと言うのでしょうか。そう言う人こそ、まずは自分を振り返ってみるべきです。自分が正しいという理由はいくらでも見つけられるでしょうが、動機が無私であるか、スピリチュアル(＊訳注)なことではない限り、彼らが言うことが他人に良い影響を与えることはないでしょう。

Day *116*

数字の「2」は1の分極・・・

算数では2は1と1の合計です。しかし、秘儀の科学では、2は1が創造の目的のために分極したものです。ここで言う「ポジティブ」と「ネガティブ」の言葉の意味は、ポジティブが良くてネガティブが悪いといったような道徳的な意味ではありません。むしろこれらの用語は物理学の語彙《ごい》でもあることをふまえたうえで理解してください。

たとえば、コンセントにはネガティブ（－）とポジティブ（＋）の極があります。これらの用語を物理的な次元から心霊的な次元へと移し替えてみると、発電側のポジティブな性質は男性的原理に適用され、受電側のネガティブな性質は女性的原理に適用されます。

創造や創造物において生命のあらゆる側面は、2という数字に支配されています。しかし2を理解するには1を理解しなければなりません。

現実はただひとつですが、1は分極し、残りのすべてはこの分極による結果なのです。私たちに重要なのはこの二極の性質と、二極が共にどう作用するのかを理解することです。もしもこの2つの関係に調和があれば、それは真の分極です。近くでも遠くでも、2人の人間が発信しあう友情のサインにも同じようなことが起こっています。

Day 117

神は、私たちを通して表現される

・・・

私たちは当然のことながら生きています。しかし、真に生きているとは言えません。ほとんどの時間、ただすべきことをしているだけと言えるでしょう。人は、日々を消費するさまざまな活動のせいで、生きるのを忘れていることに気づいていないのです。

生きることとは呼吸をすること、食べること、動くこと、眠り、働き、話すことです。しかし、そのような活動から何かを学ぶことができるにもかかわらず、そんなことは考えたこともないというのが多くの人に言えることなのです。

ですから、こう考えてみてください。〝確かに私は呼吸し、食べ、歩き、手を使ってはいるけれども、もっとどのようにしているかに注意を払い、意識を込めたら、何か改善できることがあるかもしれない。1日のあらゆる瞬間に、神聖なる生命が私を通して顕現しているのだ〟と。

Day *118*

黄金は人を魅了する太陽の光の凝縮

・・・

人はなぜこれほどに黄金に魅了されるのでしょうか？　答えは簡単です。私たちは、自分自身の最も深いところ、潜在意識に置いてある秘密を知っているから黄金に惹かれるのです。その秘密とは、黄金は太陽の光を凝縮し物質化したものであって、この光にはあらゆる生命の豊かさが含まれているということなのです。黄金を探す以前に、光を探すほうがたいせつです。光は言ってみれば頭を、黄金は尾を表しているのです。

光は魂で、黄金は肉体です。魂に触れずに肉体に触れたとしても、本当に何かに触れたことにはなりません。魂を所有することなく肉体を所有したとしても、あなたが有しているのは屍《しかばね》だけです。また光を持つ前に黄金を持とうとすることは危険でさえあります。

蛇の尻尾をつかんだらどうなるか知っていますね。噛まれます。蛇の頭をつかまなければならないのです。しかもそうすれば安全であるばかりでなく尻尾もついてくるのです。

Day 119

努力とは、私たちを満足させる唯一のもの

・・・

あなたが外側の生き方を向上させたいと願うのは当然のことです。しかし、何より先に自分の内面の生き方を改善できることを知り、受け入れる努力をしましょう。外側の世界で何を手に入れたとしても、あなたは常に不満足なままでしょう。真の充足感を得るには、自ら努力をしなければなりません。あなたの意志、知性、想像の努力です。

ところで、もうすでに気づいていることでしょうが、自分で何かを実現できれば充足感がありますが、自分では何もせず、ただ受け取るだけのものは、たとえそれがお金であったとしても、同じような満足感が得られるものではありません。そのことはすでに経験していて、意識もしているかもしれませんが、それでもまだ外からすべてを得たいと考えているようです。だからあなたは、いつでも何かが足りないという気持ちを引きずっているのです。

何を所有しようとも、何を与えられようとも、内面の訓練をやめないでください。最後の瞬間まで決して放棄しないように努力してください。

Day 120

睡眠で次の旅である「死」に備える

・・・

起きている状態から眠りに入るときは、1日の中で最もたいせつなときです。毎晩寝る前に、この1日の間にあなたの心を占めた、もしくは動揺させた問題はとりあえず忘れて、ひととき瞑想してください。次に、あなたが犯したかもしれない間違いについて考えてください。そして光の精霊に、あなたが寝ている間、その償いをするための最善の方法を教えてくれるようにお願いをします。

死の天使というのは、カバラが眠りの天使に捧げている名前です。というのも、私たちは毎晩死に、毎朝生き返っているからです。眠りに入り肉体を離れることは、ひとつの旅であり、私たちは毎晩意識してこれに備え、実際に次の世界へ旅立たなければならない瞬間が来たときには、用意ができているようにするのです。

どのように眠りにつくかを知らない人は、正しく死ぬこともできません。私たちが死ぬときには、住んでいる家、つまり肉体から永久に離れるということ以外、眠りと死の間に違いはありません。

だから毎晩眠るための準備をするのは、まるで神聖な旅に出るかのようにたいせつなことなのだと理解してください。そうすれば、私たちはある日、決定的な旅立ちをするときに、その準備がすでにできているはずなのです。

Day 121

精神的な修練は日々新しい気持ちで行う

・・・

たとえ昨日よく食べたからといって、今日までお腹一杯の状態が続くことはありません。だから今日また食べます。今日あなたがすべきことは、昨日の繰り返しです。なぜなら、昨日したことは昨日のためであり、今日やることは今日のためだからです。この法則はどの領域でも同じように適用されます。

昨日、あなたは瞑想をして驚くようなインスピレーションを経験し、心が感嘆に膨らみ、そのときはその状態を長時間持続できると思っていました。しかし、今日またもう一度、インスピレーションを受け、心を膨らませ、素晴らしい感覚を得るためには、また別の努力が必要です。日々新しく努力を始めなければならないのです。なぜなら、生命は絶え間なく動いているからです。今日、新しい粒子、新たな力、生命を扱い、影響を与え、誘導し、昨日と同じ方向へと導かなければならないのです。そして明日、また同じ仕事を1から始めるのです。

Day 122 思考の仕事は第5元素を抽出すること

人は物事の表面上だけの仕事をするのに慣れきっています。そのせいで、精神修業とは何か、またこの修練には、他のどんな活動からも得られないようなとてつもない可能性があるのだと理解してもらうことが非常に難しくなっています。

具体的なイメージを使って説明しましょう。鉱石が掘られるとき、ある一定量の金属、金や銀、鉄や銅を抽出するのにいったいどれだけの量の鉱物が地中から採掘されるか知っていますか？　そして大部分の残りは脈石として捨てられます。同じように、何トンものバラの花びらが、何リットルかのバラのエッセンスを蒸留して抽出するのに必要とされます。そしてそのうちのほんの1リットルのエッセンスが一財産にも相当するのですが、それほどこのエッセンスは貴重なのです。

私がこのイメージを挙げている理由は、次のことを理解してもらうためです。一般的に言うと人間の仕事とは、最も粗い素材となる何トンもの脈石を掘ることなのですが、一方、思考によってそこから第5元素（＊訳注）を抽出することができるのです。ただ、あなたが思考を使って働き、エネルギーをコントロールして高次の領域まで導くようにならない限りは、何を得たとしてもトラック何台分もの鉱物を持っているだけのようなもので、そこから第5元素の抽出方法を学ぶまで、あなたのお荷物となるだけでしょう。

Day 123 霊的指導者は生徒の親友

・・・

人が友人になりたいと思う人は、とりわけ人当たりがよく、自分の性向と本能をおだててくれるような人びとです。どうやって前に進むか、どうやって自らを凌駕《りょうが》するかを説くような人となると、みな避けようとします。

実は、霊的指導者以上に素晴らしい友はいません。指導者はいわば頭《かしら》であり、方向を知っているのですから。もちろん、この頭は心地のよい感覚だけを与えてくれるわけではありません。時には生徒が窒息しかけたり、溺れたり、もしくは自分の居場所を見失ってから頭に救いを求め、呼吸ができるようになったり、再び道を見つけ出したりするのです。

しかし、悲しいことにこの状態も長続きはしません。生徒は再び沼地にもがきに戻ってゆくからです。こんなとき、指導者はどうするでしょう。指導者はもう論拠も示しましたし、方法も授けました。生徒たちがそれを受け入れないのなら、教訓を与える役割を果たすのは人生です。人生は情け容赦なく、こん棒で叩いて教えるのです。

この考えはもちろん、指導者を悲しませますが、指導者にこれ以上何ができるでしょうか。彼が知っているのは、生きていようが死んでいようが自分は生徒たちの最愛の友であり、このような友は生徒にとって、他にどこにも見つけられないということです。

一度生徒たちが指導者を理解すれば、彼らの光と自由への歩みを何者も止めることはできなくなるでしょう。

Day 124

誰のおかげによる成功なのかを知るのは難しい

・・・

いったい何人の男女が一見したところ、目標に達することのないまま理想のために死んでいったことでしょう？　ただ彼らの事例は多くの人に強い衝撃を残しました。それはまるで種のようなもの、酵母のようなものです。そしてある日、彼らが願った以上に、彼らの目的は達成されます。それゆえ成功を収める者は、これらすべての先人のことを感謝をもって考えなければならないのです。先人たちは彼ら以前に、これらの成功が可能になるための努力をしたのですから。彼らは犠牲を払い、時には犠牲者さえ出ました。もしかしたら先人たちは他の人生で自分の努力の実を収穫しに戻ってくるかもしれません。

歴史学者は、研究している人物の過去世について無知です。だから彼らが、誰それがどこそこで成功したとか失敗したとか明言しても間違っていることがあるのです。人の成功や失敗は、過去の転生によって決定されているのですから。

Day 125

エネルギーは天の生命への奉仕に使うべきもの

・・・

あなたの内面のすべてを神の理想に捧げない限り、あなたのエネルギーや生命が何に使われるのか明確になりません。見えない世界では、数え切れないほどの暗い霊の存在があなたの邪悪な計画にそのエネルギーを使おうと待ち構えています。こうなると、あなたにとって二重の損失です。

まずはあなたのたいせつな何かが奪われていきます。次いで光の存在は、助けや祝福を受けることに無頓着で感謝もできない人たちに、それ以上何も与えません。事実、この人たちが邪悪な存在に襲われるままに任せているというのは、光の存在の助けも祝福も有難いと思っていないということではありませんか。

あなたがすることには必ず結果がついてきます。ですから、できるだけ頻繁にこう言ってください。「天の存在よ、何なりとお申しつけください。私の能力とエネルギーを使ってください。あなたが世界で達成している仕事に私を参加させてください」と。

Day 126

色彩はスピリチュアルな生き方の鍵

・・・

色彩はプリズムを通して光が分解された結果です。だから、もしも真の色がどんなものかを知りたければプリズムを使い、太陽の位置に従ってかざしてみてください。色は脳に影響を及ぼし、脳を通して全身にも影響します。

さて、試しに色を1つ選び、それに集中してみてください。色を目に浮かべてみてくださ い。そして、その中に自分を沈めていき、自分を通り抜けると想像してみてください。赤から紫へ、紫から赤へと、あなたはすべてのエネルギーセンターと身体のすべての部位に働きかけることができます。体のどの器官にも7つの光の帯が届きます。

最も純粋な色に集中し、その色で自分を満たす習慣がついたら、いつの日か自分が宇宙の調和の中に入っていき、天使の階級に出会うのを感じるでしょう。各色があなたに各天使の美徳を与えてくれます。色を使っての鍛錬と色それぞれの持つ美徳はスピリチュアル（＊訳注）な生き方の鍵となります。

Day 127

身体の細胞は、私たちが訓練すべき存在

私たちの肉体の細胞は、知性を持った小さな魂です。これは私たちの中に存在する一民族のようなものであり、私たちはこの魂と交流に入り、しつけなければなりません。そのことに気づいていましたか？　気づいていたとしてもほんのわずかでしょう。

だからあなたの細胞は、あなたに従わないのです。自分の肝臓、胃、心臓、脳などの状態を改善したいができず、すべての組織の細胞があなたの言うことを聞かないのです。あなたは自分の組織細胞に影響を与えることができません。細胞には細胞の意思があるからです。秘儀の科学は、人間の心霊的な構造と、その働きを司る規則を研究し、私たちは自分の体の細胞に命令できるのだということを教えています。

まず細胞は知性のある意識の存在なのだという考えを私たちが受け入れ、細胞とコミュニケーションをとることを学ばなければなりません。

Day 128 神とは、常に私たちが求めているもの

多くの人は、「あなたは出会いや富や栄光や何かを求めていますが、心の奥の深いところでは神を求めているのですよ」と言われると驚くことでしょう。でもこれは本当のことで、神の他には何も誰も真実の喜びは与えてくれず、真に感嘆させてもくれません。どのような形にせよ、彼らが探し求めているものは神です。人は自分がやってきた楽園生活に、源に戻りたいのです。

しかし、多くの気の毒な人びとはそれを知らず、ぬかるみの道を歩み、もがき、足がはまり込んでしまいます。神があらゆる物、あらゆる生き物の中に彼の第5元素（＊訳注）の小片を入れ込んだので、あらゆるところで神を見つけることはできるのに、多くの場合、人は移り気で、それでは神を見つけるのに何十万年もかかってしまいます。神をすぐに見つけ出すには、純粋さと光を通して探さなければならないのです。

Day 129

太陽は宇宙エネルギーの貯蔵庫

・・・

あなたは力なく、何をする気もしないと感じています。でも何もしないままでいないで、いつでも宇宙の貯蔵庫からエネルギーを引き出せるのだと自分に言い聞かせてください。最も好都合なのは日の出どきです。太陽を見ながら、細胞が太陽の精霊とひとつとなって振動するまで、あなたの体中のすべての細胞に集中してください。徐々にあなたはエネルギーを受けるだけでなく、真の知識も受けているように感じるでしょう。この知識のおかげで、あなたは常に生き生きとしていることでしょう。一度、この強力な振動をあなたの細胞に伝えたなら、停滞に身を任せるのはもうやめ、活動を続ける努力をしてください。

Day 130

苦悩とは宇宙生命との繋がりを失った結果に起こること

・・・

ほとんどの人が生きていたいと思っていますが、彼らの多数が地上に放り去られたような感覚を受けています。まるで地上が彼らには異質な場所、さらには敵意のある場所であるかのようです。それは人が自然との真のコンタクトを失ってしまったからです。

人は次々と街に住み、技術は進歩し（それ自体は否定しようもなく、良いことではあるのですが）、それが人を自然から切り離してしまっています。たとえば、都会では夜に道路や店にこうこうと明かりがついていますが、それでいったい何が見えるでしょうか？　人びとは徐々に周りにある星だけでなく太陽、石、植物、動物といったすべてのものに、もう友情や好意を感じなくなっています。家庭にいて安全なときでさえも彼らは心配し、怯えています。寝ているときですらおびやかされています。しかし、それは被害妄想です。誰も彼らをそんなに脅していないのですから。

人びとの内面では何かが崩壊し、もう自分が守られていると感じることができなくなっています。ですから、人間は内面の全統一的な生命との関係を修復する必要があります。そうすれば、彼らは宇宙の言葉が理解でき、それと調和することができるようになるのです。

Day 131　自分に対する明晰な判断が理想と行動を一致させる

・・・

行いが良いにこしたことはありませんが、行いが悪いということ自体は深刻なものではありません。最も問題なのは、そのことに気づいていないことです。自分が良くない行動をしたということが分からない人は、最終的には解き難い矛盾に陥《おちい》るのです。

彼らは失敗を経験し、他人から拒否されるもその理由が分かりません。彼らは自分には非の打ちどころがないと信じていて、他人は自分を受け入れ、尊敬すらするだろうと思っていたのですから。

こうなると人は自分に起きていることに悩み、世界全体が団結して自分に歯向かってきているように思い込んでしまいます。これは人の思考と感情に非常に良くない影響を及ぼします。その人は憤慨し、そのせいで自分の光と愛を失ってしまうからです。ですがそれは、自分がその行いと理想を一致させられなかったことを認めないから起こったのです。

Day 132

神、その存在に向かって自らを開こう

・・・

私たちの周辺にあるあらゆるものは神の存在を私たちに示しています。しかし、多くの人はそれでは満足せず、神そのものに目の前に現れてもらいたいと願っています。そして、たとえそれが実現したとしても、それで満足するかどうかはあてになりません。太陽ほど存在感が

あって、目について、まぶしいものがありますか？　もしも閉ざされた鎧戸《よろいど》の後ろに閉じこもっているのであれば、太陽が存在することすら知らないでしょう。太陽を見たければ、少なくとも窓くらいは開けなければなりません。太陽は壁や鎧戸を貫通しないのですから。

同様に神の存在を見つけるためには、私たちの中で少なくとも小さな天窓を開けなければなりません。そうです。神ではなく私たちが何かをしなくてはならないのです。神はすでにそこにいて、やるべきことをしています。それで十分なのです。神の存在を示してくれる高い意識の次元に到達できるかどうかは、私たち次第なのです。

Day 133

ツインソウルとは、生徒が指導者の中に見つけるもの

・・・

私たちには誰しもツインソウルがいます。それは往々にして目に見えず、具現しているわけでもありませんが、時には誰かの姿を一時的に借りていることもあります。それが男性であろうが、女性であろうが、生徒のツインソウルは彼らの指導者を通して現れることがありえます。霊的指導者というのは集合意識です。もちろん、彼は個人として残ったままですが、無数の存在が彼の中に入り、彼が光を与えてくれ、自分の生命の意義をあらわしてくれるの

を待っている人たちを助けます。

ですから、生徒たちにとって次の点が明確でなければなりません。ツインソウルは、彼らが進化するための応援にやってくるのですが、指導者はその連絡経路でしかないのです。生徒たちが指導者を自分のもとに引きつけ離すまいなどと思わず、純粋にスピリチュアルの道で愛するならば、そのとき、ツインソウルと真の交流をすることができるようになるでしょう。

Day 134

生命はすべての豊かさの源泉

・・・

もしも人間がその生命を守り、最も純粋なまま維持する気があれば、彼らの願いが達成される可能性はずっと高くなることでしょう。真理の光を知り、啓蒙の光を受けた生命は、あらゆる富の源です。不幸にもこの真実を知る人は多くありません。大多数の人は、自分の人生を浪費しています。完全に疲れきって、何をする気力も熱意もエネルギーも残っていなくなったとき、彼らはそれがなぜなのか理解できず不満をもらすのです。

少なくとも不平を言わずに認めるべきです。「これもひとつの経験だったのだ。今なら過ちを犯したことが分かる。どうしていけなかったのかを理解できる。今後はもっと賢く行動しよう」と。

さて、あなた方はこの教えから光を受け取っているわけですが、よく考えてください。あなた方に知識が必要ならば、唯一の知識、真なる知識とは、次のことに尽きます。「あなたの思考と感情の性質は、あなたの中で貯蔵されているエネルギーと第5元素(＊訳注)に影響を及ぼすのだということ」を。

だからこそ、あなたの生命の最善の保存方法は、それをもって天に仕えることなのです。

Day 135

光とは、成長しようとしない人が恐れるもの

・・・

悪魔と地獄の暗闇は人びとにそれほど恐怖を与えません。多くの人が恐れるのは、むしろ神の光のほうです。これは全くもって理解可能なことです。人はいまだに深い部分では、自分の本能や情念の赴《おもむ》くままでいる必要があると感じています。彼らは自分の人生は威張れるようなものではなく、罪にまみれているということを思い知らされるのがいやで、この光から逃げるのです。彼らはどのような悪習慣をもやめるつもりはなく、これらが悪癖だと思い

知らされるようなものは何ひとつ我慢できません。

人が自らの成長のための努力をしないとき、目を閉じ、耳を塞ぎ、そのままでも十分立派なのだと自分に言い聞かせます。光を恐れる人びとはその理由が何なのかよく分かってはいません。しかし、彼らは本能的に、光の中に彼らが幸せだと信じているものを脅かす存在を感じています。唯一、誠実に進化や変化を望む人たちだけが、自分の中で改善すべきこと、そしてどう改善すべきなのかを示してくれるこの光を探し求めるのです。

Day 136

「わたしはもう一度あなたがたに会います。そして、その喜びをあなたがたから奪い去る者はありません」について

・・・

最も大きな喜びとは精神世界での喜びですが、それは肉体的には表現されません。最も気高い感情や感動はしばしば感知できないものです。精神世界での喜びは、ひとつの理解、完全なもの、静けさとして経験され、破壊されることはありません。

弟子たちに「わたしはもう一度あなたがたに会います。そうすれば、あなたがたの心は喜びに満たされます。そして、その喜びをあなたがたから奪い去る者はありません」（新約聖

書ヨハネの福音書16－22）と言ったときにイエスが意味していた喜びとはこのようなものなのです。「再び会う」というのは、神聖な世界との融合である内面的な出会いを指しています。この融合が実現するためには長い時間をかけて究《きわ》め、祈り、努力をしなければなりません。なぜ、イエスはこの出会いがすぐにではなく未来に起こると見据えたのでしょうか？　それには長い準備期間が必要だからです。しかし、いったんこの準備が完成したら、それは永遠のものとなります。だからイエスはこう加えるのです。「その喜びをあなたがたから奪い去る者はありません」と。イエスは、同じことを今度は別の言葉で表現しています。「だれでもわたしを愛する人は、わたしのことばを守ります。そうすれば、わたしの父はその人を愛し、わたしたちはその人のところに来て、その人とともに住みます」（新約聖書ヨハネの福音書14－23）と。

Day 137

精霊の物質への働き

・・・

スピリチュアル（＊訳注）な人は物質的なことを無視して避けるべきだという考えは間違っています。むしろ彼らは意識的に、地上での活動を唯物主義者と変わることなく行わなくてはなりません。唯心論者と唯物論者との違いは視点です。視点は唯心論者を導かなくてはなりません。

精霊は、物質的な事柄を否定しません。そして物質は精霊を否定せずそれに従います。栄養摂取は、それらがどう働くかが分かる非常に良い例です。私たちは食べるとき、物質を変換させます。自分の体に同化させることで、私たちは食物をより精妙にし、食物に私たちの存在の何かを伝えます。

そして食物に私たちが伝えるものの価値は、私たちがまず自分自身に対して行った努力、つまり私たちの本能、欲望、感情、思考に対して、私たちの中で精神が行った努力により変わってくるのです。

Day *138*

運命にとっては与えられた条件がすべてではない

・・・

同じ土に植えられ、同じ温度、湿度、手間といった同様の外的条件を得ても、目も眩《くら》むような花をつけ、申し分ない香りを放ち、美味しい実をつける木もあれば、香りもなく目立たぬ花や美味しくもない実だけをつけるといった木もあります。

同じことが人間にも言えます。ですから、家族、社会、出来事によって、人間の運命、成功または失敗、人生の上昇や下降が決まってしまうのだという人がいます。もちろん一部は真実ですが、それはあくまでも一部に過ぎません。

実のところ1人ひとりの人生がどうであるかは、何よりその表す「種」の性質、つまり彼らが出来事に対してどう考え、どう感じたか、どう受け止め、どう変化させたかによって異なります。ですから、あなたが厳しい状況にいるのであれば、それを変えたいとか改善したいと願ったり、より良い時期を待ったりする代わりに、自分自身を鍛錬することです。自分自身を深く掘り下げ、あなたに最も美味しい果実を与えることのできる自然界の要素、活力、美徳を探すのです。

Day 139

手に口づけをする理由

・・・

繊細で美しく、良い香りのする手が、何か好色でひどく不快な何かを発しているのに気づいたことはありませんか？　一方、不格好で手入れは行き届いていないけれども、その人の心や美しい精神が表れていて、この手を握りたいとか接吻をしたいと思うほどの手もあります。

今日でも偉大な教会の司教や枢機卿や教皇といった高官の右手に接吻をするという習慣があります。人びとはこれは尊敬のしるしだと考えます。その通りです。しかし、この尊敬のしるしは**手の力の知識**に基づいています。スピリチュアルに人生を捧げている人びとは、天からの祝福の媒体《チャネル》だと考えられています。長期にわたり、愛と智恵をもって努めてきた人の手は、実際に宇宙の力の恩恵に触れているのです。

Day 140

秘儀の最終段階で、人は自分を補ってくれるものと融合する

・・・

人間は男性も女性もあまりにも外見にこだわりすぎて、高次の神の次元では、自分が男女両性の原理を持っているのだということを忘れています。しかし、ここで言う「高次」とは、何光年も離れたものではないのだということを理解しなければなりません。高次とは、また人間の中でもあり、その高みにある部分です。秘儀とは霊的進化の過程であり、その最終段階で人間はその存在の補完的な部分と融合することができます。

そうなると、人はもう自分に何かが欠けているとか孤独で寂しいなどと思うことはありま

せん。肉体的な繋がりでは男性も女性も孤独を埋めることはできないのです。よく聞かれることですが、出会いを重ね、経験を積んでも、内なるところは相変わらず孤独で殺伐としています。

なぜなら、いくつかの出会いは、まずは自身の中、心理的な次元、精神的な次元においてなされるべきものだからです。まずは高次で実現しなければ、下の世界では何も見つけられないのです。

Day 141

日々の生活のささいなことに注意する

・・・

多くの人がそうであるように、あなたも他人が自分に対してきちんと注意を払ってくれないと感じる傾向にあるでしょう。しかし、あなた自身がぞんざいな対応をしてはいませんか？あなたは1人ひとり、ひとつひとつのものに注意を払っていますか？　たとえ1本の花でも、植え、水をあげているときには注意を向けてあげてください。花はあなたが注意を向けていようがいまいが何も感じないのだから、そんなことはどうでもいいではないかと思いますか？　それこそが間違いです。

あなたが注意深くなければならないのは、花のためというよりはあなたのためです。こうしてあなたは美徳、良い性質を得るのですから。もしもあなたが何かを注意深く、礼儀正しく、愛をもって行えば、あなたの振る舞いがあなたに反映するでしょう。何年にもわたり、ささいなものすべてに対して心を込めて対応してください。そうすれば、いつの日かあなたは恩恵を感じるようになるでしょう。

身近にあるのに、どこか遠くの他の場所を探すことはやめてください。日常生活の外にあなたの問題の解決策を探しても答えは見つからないでしょう。もしも日常生活に注意を払わないのなら、この真実を理解するまで、人生の試練があなたの教師となることでしょう。

Day 142

周囲の脅威から身を守るには段階を上がるしかない

・・・

細くて繊細で精妙なものは一見すると、周囲の脅威から身を守る術はないようです。しかし、自然の異なる世界では何が起こっているでしょうか。

一見したところ、石は最も抵抗力があります。現実には植物は生きているため、石よりも上手に自らを守ることができます。そして動物は動くことで、植物よりも上手に自分を守ります。人間となると、困難から抜け出す手段をさらに多く持っています。しかし、彼らが思考を使って自分自身という素材に働きかけ、洗練し純化するということを学んでいないため、相変わらず周りの環境、さらには目に見えない世界からの力と存在に好き勝手にされています。

生命の段階をずっと上がったところでは、自らの体をよく純化し、その生命力を力強いものにした結果、捉えどころさえなくなった創造物がいます。これらの創造物を捕獲することも、その行動を制限することもできません。そしてこれらすべての創造物をさらに超えたところに神がいます。神の捉えにくさは絶対的であり、概念として想像することすらできないのです。

Day 143

智恵と書物の知識は黄金と紙幣

・・・

真の知識と書物による知識の違いは、黄金と紙幣ほどの差があります。紙幣はいつでも価値があるわけではありません。政治的または社会的混乱により価値を失うこともあります。一方、黄金はどのような状況になっても価値を失うことがありません。そういうわけで、黄金を持っている人は誰でも、決して困窮することはありません。

紙幣と同じで書物の知識は、状況次第ではもう使い物にならないかもしれません。一方で、もしもあなたの知識が個人的な経験に基づいた生きた智恵から来ているのであれば、黄金を持っていると言えるでしょう。あらゆる状況、条件の下でもこの知識は価値あるものとして残り、あなたの道を照らし、問題には答えを与え、平和をもたらしてくれるのです。

Day 144

批判に対して異なる反応をする芸術家と知識人

・・・

心と知性の要求するものは同じではありません。それぞれ異なった栄養を摂らなくてはならず、それゆえ異なった訓練が必要です。芸術家は心と感性が特に発達しています。彼らには励ましが必要です。そして批判されると傷つきます。無理解ゆえに死んでいった芸術家たちを見てください。

その一方で、思想家や哲学者は批判によってより強くなります。なぜかというと、知性とは反論や障害に直面しながら磨かれていくからです。知性が本来持っている性質は、新たな議論と新たな解決策を見つけることです。知性は自らを鍛える機会を探し、批判はその機会を提供しているのです。知性は対立を恐れず、抵抗するために構築されていくのです。ですから、感情を通して自らを表現する人は、褒《ほ》め称えられることと励ましが必要なのです。しかし、思考の世界に生きる人には励まし過ぎはいけません。彼らを眠らせ、進化を妨げてしまいますから。

Day 145

自らの浄化をせずに透視能力を発達させる危険性

・・・

透視能力者になるための方法について書かれた本は世の中にあふれるほどあります。クリスタルボールや魔法の鏡を覗《のぞ》き込んだり、植物を使ったり、催眠法もあります。

しかし、そのような方法は、しばしば危険をともないます。特に、まずあなたが自分を浄化することに努めないで透視能力を開発しようとしたときです。もちろん、自分を浄化しなくても透視能力者になることはできます。その能力を開発することは、それほど難しいことではありません。

しかし、あなたが純粋でなければ、神の世界の代わりに、人間の周りをうろつく黒い存在が見えるようになるでしょう。意地悪や裏切りや嘘が見えるでしょう。災害が発生する様子が見えるでしょう。言い換えると、あなたが到達したレベルに相当する現実か、せいぜいもう少し上くらいしか見えないのです。

イエスはこう言いました。「心のきよい者は幸いです。その人は神を見るからです」（新約聖書 マタイの福音書5－8）。神の世界の視界である真の透視能力を手に入れる最善の方法は、浄化とスピリチュアルな愛のために努力することです。

Day 146

落胆すると地上の性質と天上の性質の繋がりが切れる

・・・

時々私たちが経験する落胆は、私たちの中に存在すべき地上の本質と天上の本質の繋がりが切れてしまったというしるしです。地上の本質は天の本質が絶えず照らし、生気を与えなければならない物質のようなものです。

天上の本質が私たちを高いところへ引きあげようとしている一方、地上の本質は私たちをひきずり下ろそうとします。それゆえ、私たちの地上の本質が自らを天上の本質の影響力から引き離したとたんに、落ちていくような内側の崩壊を経験するのです。

この2つの本質の繋がりを修復するには、錬金術師のように火を使った訓練を習わなければばなりません。聖なる火は神聖な愛です。それは私たちの低次の本質を高次の本質に溶接します。しかし、私たちは絶えずこの火に息を吹いてかき立てなければならないのです。

Day 147 祈りとは天の存在を呼び寄せる闇の中の光

・・・

あなたが不幸で意気消沈して、誰もあなたのことなど見ていない、誰もあなたのことを助けられないと感じているとしたら、それは間違っています。実は何千という生命体がいつもあなたを見守っているのです。光を送って彼らに助けに来てもらってください。光とはあなたの信念、愛、信頼のことです。

彼らの注意を引くことに成功すれば、彼らはあなたの中のドアや窓を開け、平穏と喜びを迎え入れます。私たちを見つけて助けに来てくれるのは、こうした生命体にとってはとてもたやすいことです。

たとえ他の多くの仕事で忙しくても、熱心な祈りから生み出される波動は、たちまち生命体に、祈った人びとの危機を伝えます。嘆き悲しむ者、憤激、憎悪、その他すべてのネガティブな感情にとらわれる者は、これらの存在には見えません。彼らは闇の中で暗がりに溶けてしまっているからです。

しかし、そういう人たちでも天に向かって光り輝くサインを送れば、暗闇からその姿が現れ、すぐに光が見えるようになるのです。

Day 148

太陽のように宇宙空間から光と熱を送る生命体

・
・
・

太陽をじっと見つめて、太陽について瞑想をしてください。その際、それが地上や地球の住人たちに膨大な年月にわたり、光とぬくもりをもたらし続けてきたのだということに意識を置いてください。そして太陽は、誰が自分の光に喜び、感謝をして受け取っているのか、誰がいまだに穴倉で眠っているのかを知る必要もなく、同じように照らし続けています。人間が太陽に対して自分たちの生命の借りがあるという意識を持っていなくても、侮辱されたとも思わず、怒りもせず、太陽は輝き続け、人間に祝福を送り続けています。

太陽のように自らの光や愛を宇宙に送る生命体もいます。彼らもまた、創造物がその恩恵を受けているのかどうかには無頓着です。その生命体たちは幸せで満たされています。宇宙全体に対して自分の富を分け与えることが彼らの喜びなのです。最も素晴らしい幸せは、太陽が今感じて今生きていること、それは輝き、照らし、ぬくもりを与えることなのだと、彼らは理解しているのです。

Day 149 目に見えない世界への感受性と過去の記憶を持つ子ども

・・・

人生の最初の幾年かは、子どもたちは目に見えない存在のそばで生きています。こういう存在を見て微笑み、彼らと話し、聞き、返事をします。しかし、子どもたちが大人、特に親にこういう話をすると大人は無視するか、どうしてこんな作り話をするのかと思って子どもを黙らせてしまいます。

もしも大人が子どもの話を聞き、質問をしてみれば、驚くことをたくさん知ることでしょう。大人はとても貴重な何かを自分から奪っているのです。すべてのケースがそうだとは言いませんが、何人かの子どもたちは、人間が自然を生命体と見なし、常にかかわって生きていた遠い昔の記憶をもって生まれてくるのです。この記憶は一般的に7歳まで残っていますが、それ以上は大きくなるにしたがってだんだん薄れていきます。

しかし、それは大人の教育や言葉や態度のせいもあります。後に彼らは自分たちの子どもっぽさを思い出しては、〝あれは自分の想像力が生み出したものだった〟と笑いさえするのです。しかし、それは彼らの魂に刷り込まれた過去の名残です。それを色あせさせてしまうことはとても残念です。

Day 150

愛されることを期待せず、ただ愛しなさい

・・・

もしもいつでも自分のことを考えていてほしい、理解され、助けられ、あるいは愛されたいと期待しているのであれば、あなたは決して幸せにはなれないでしょう。

誰にでもそれぞれ心配や問題はあります。あるときには誰かがあなたと一緒にいるかもしれませんが、その人は次の瞬間にはどこかで別のことをしていることでしょう。そうなると、あなたは自分で問題に立ち向かわなくてはならなくなります。ですから他人に頼りすぎないようにしましょう。その人たちからの注意や友情や愛を確実に得ることはできないのですから。

あるときは理解され、支えてもらったと思っても、その次の瞬間にはどうなっているでしょうか。他人に何かを期待してはなりません。愛については特にそうです。もちろん、愛は訪

れるかもしれません。ひっきりなしに訪れることだってありえます。そうなれば最高です。天に感謝しましょう。しかし、期待すべきことではありません。幸せになりたいですか？では愛されることを望まず、ただ愛することです。昼も夜も愛することです。そうすれば、あなたはいつでも幸せでしょう。いつの日か、ある日突然、素晴らしい愛に出会うかもしれません。当然それは起こりうるでしょう。しかし、期待はしないでください。

Day 151

生命と若さを保つには精神を優先すること

・・・

たとえ死という考えを喜ぶことができない、あるいは自分が愛する者が死んでしまうという考えを受け入れることができなくても、死は恩恵をもたらすものなのだという考え方を学んでください。

死は命あるものを解放し、より遠く、より高次元で生きることを可能にしてくれます。宇宙の智恵の計画を知っている秘儀参入者たちは、生と死の2つの原理を受け入れています。そして彼らは生命の原理を生かそうと努力します。この原理は浄化し、光と美をもたらします。生命の原理はどちらかというと精神的でスピリチュアル（＊訳注）な次元のものです。正しい考え方をし、寛大な感情を抱くことでこの原理にエネルギーを与え続ける人は、死の原理の活動を遅らせることができます。

もちろん、たとえ私たちがこうした努力をしたとしても、老いと死から逃れることは不可能です。幻想を抱いてはいけません。しかし、私たちが精神に主導権を与えることを学べば、精神は私たちの内面の活動を維持してくれ、私たちに柔軟さと喜びを与えてくれるでしょう。真の生命と若さの秘訣は、スピリチュアルな山の頂点を目指した決意が決して揺るがないことにあるのです。

Day 152

身振りと言葉に秘められた魔法の力

・・・

鉱物の世界は、不動性がその特徴です。木は成長しますが、土にくっついたままです。動物は動きます。なかには多様な動きをするものもいますが、それは本能的にそうなっているのです。

人間だけが意識というものを授かり、自らの行動をコントロールし、意味をもたせることが可能です。そして私たちの身振りや発する言葉は、スピチュアルな次元に影響を与えます。

集中したり、瞑想したり、祈るだけでは十分ではありません。精霊の力を目覚めさせるためには、肉体のレベルから始める必要があります。それが身振りだったり、発する言葉だったりします。身振りと話し言葉には、常に魔法の力があります。それらを通じて私たちは目に見えない世界に流れを発生させ、その流れは物質界で願いが実現されるために使われるのです。

Day 153

透視能力は限られた条件を満たした場合のみ有益

・・・

なぜ、これほど多くの人びとが透視能力者になりたがるのでしょうか。まるで見えることがスピリチュアルな生き方の頂点なのだと言わんばかりです。

金儲け、倒産、結婚、離婚、敵、友人、病気などといった同様の悲劇や喜劇をいつも見て、いったいどんな良いことがあるのでしょうか。肉体の目だけでも、そういうことは十分すぎるほどに見ているではありませんか。日々の生活で見ることとすべてに疲れ、うんざりすることも多々あるのではないでしょうか。だったら、なぜもっと見たいなどと思うのでしょうか。結果としては押しひしがれ、参ってしまうだけなのです。それは賢明なことでしょうか。

見る、見るって、いったい何を見るのでしょう？　問題はそこです。透視能力者に憧れるすべての人たちに知ってほしいのは、自分が想像していることとは異なり、この能力は自分の進化を妨げる危険性のあるものなのです。

もしも人が、見えたものを役立たせるだけの能力を発展させないうちにこの才能を得てしまったら、その危険性はますます高くなります。見えるだけでは十分ではありません。精妙な次元で見つけたものを把握し、理解して、また地獄の映像に直面できなければならないのです。

Day 154

指導者の言葉に含まれている生命こそ糧

・・・

霊的指導者は、たいせつな真理を生徒たちに見せます。それをどう感じ、自分に浸透させ、生きるかは生徒たち次第です。指導者は彼の愛のすべて、魂のすべて、精神のすべてを言葉の中に込めます。生徒たちはそれを受け取り、十分に味わい、吸収するのです。生徒は指導者の言葉そのものよりも、むしろその中に込められた生命を糧として受け取るのです。

もちろん、一度言葉を受け取ってそれで終わりではなく、生徒にはここからが修行です。

指導者の言葉に含まれている生命を見いだせるだけの感受性を発達させ、糧を得て、力を増し、自分を変えなければなりません。

生徒たちが言葉を読んだり聞くだけで満足してしまい、そこから何かを感じ、経験するわけでもなくただ書き写すだけでは、この秘められた生命は彼らを啓蒙し、癒し、蘇《よみがえ》らせるはずだったのに、丸々逃げていくことでしょう。彼らは何も享受できません。

もしも、いつの日か真実の生命を知りたいと思うのであれば、あなたの中で目覚めなければならないのは知性ではなく魂と精神です。そうすれば少しの言葉を聞いただけで、自分の中に光が充満していくように感じるようになるでしょう。

Day 155

太陽は唯一の「完璧」の見本

・・・

人類の歴史の中でその善良さ、高潔さ、勇気、叡智ゆえに他人の見本となるような驚くべき人はたくさんいます。しかし、それと完成の域に達することは別の話です。人間の完成の理想形とは知性、心、意志の3要素が発達していることを指しますが、この3つが揃うことはとても稀です。

際立った知性があり、教養のある人が他人に対してまるで愛情がなかったり、人に対して愛情は十分あるのに意志の力が弱かったりなどいろいろです。

人生では、いくつかの分野においては優れていても、他の分野では全く欠如しているという人が次々と現れます。ですから、もしも完璧な見本が欲しければ、太陽のほうを向いてください。太陽がその光をもって見せてくれるものは全知です。太陽のぬくもりは無尽蔵の愛を私たちに教えてくれます。そして太陽が宇宙にもたらす生命は、その全能を輝くばかりに示しているのです。

Day 156

木の根は人体の太陽神経叢《そう》

・・・

木を見るときに、その根のことを考える人はいったい何人いるでしょうか？　その幹や枝や花や果実は、根が形を変えて表現されたもので、それが形体、色、香り、味を通して顕われているのです。根そのものは黒くてくねっていますが、そこから生まれるものは色とりどりで調和がとれています。もしも根がなくなってしまえば、幹も枝も花も実も、もう何も存在することはできません。

これから木を見るときは、根にも思いを馳せてください。根はこのように素晴らしいものを与えることができる知性であり力です。根は日陰の存在であり、誰も根については考えもしません。しかし、根に傷がつくと、それが木には致命傷となります。一方、根が健康であれば、枝は枯れても木は生き続けます。これは一考の価値がある話ではないでしょうか？　人間でいうと、根は太陽神経叢に対応しています。私たちから現れ出るものは何でも太陽神経叢に由来しているのです。

Day 157

神は私たちの意識の分だけ、私たちの中に存在している

・・・

旧約聖書の「創世記」には、神は自らの姿に似せて人間を造ったと書かれています。しかし、いったいどうやったら、人のどこからどこまでが人間の部分で、どこからが神聖な部分なのだと正確に言うことができるでしょうか？　そんなことは不可能です。

人間性と神性は固く結びつき混ざり合っていて、その間に線引きをすることなどできません。神性は凡人から秘儀参入者まで、あらゆる人に備わっています。違いがあるのは彼らの意識の中だけです。神性が自らの中にあるということを理解し、感じられない人は、その顕

現を妨げています。神性が存在できない場所がありますが、それも同じことです。自らが神性を受け取らない、受け入れないのが理由です。

神は私たち1人ひとりに存在していて、その完全さ、美、活力、光、愛において自らを顕そうとしています。しかし、まずこの存在に気づき、その存在が明らかになり、作用できるようにするのは私たち自身なのです。

Day 158

私たちは毎日掃除が必要な家そのもの

・・・

物質の世界の常で、時とともに埃《ほこり》や汚れは何にでも積もってしまいます。どんなに美しい家でも定期的に掃除をしなければ、だんだんと埃やクモの巣がたまってきます。同じことが、私たちという「家」に対しても言えます。

まず私たちの肉体があります。肉体をいつもきれいに掃除していれば、高次の存在が来て、神聖な世界の命を私たちにもたらしてくれます。しかし、埃やクモの巣が張っていると邪魔になります。

ただ肉体を良い状態に保つようにするだけでは十分ではありません。日々、私たちは別の住まいのことを気にかけるのです。それはアストラル体（＊訳注）とメンタル体（＊訳注）です。つまり私たちの思考と感情を浄化し、自分勝手で攻撃的な要素などを取り除かなくてはなりません。そうすれば、私たちは天の領域と調和し、共鳴できるようになるのです。

Day 159

男女の生殖活動の違いは性別の違いによるもの

・・・

女性の振る舞い、態度、性格は母性本能と関係しています。たとえ子どもがいない女性でも、大多数は献身、同情、また弱者やあらゆる生き物に対する思いやりを持つことで母性的な性質を自然に見せてくれます。

男性が父親になるのにどれくらいかかるでしょうか。父親でいるのは束の間のことで、その後はもう子どものことなど考えもせず、子どもをつくったことすら忘れてしまうかもしれません。一生知ることもないかもしれません。

しかし、女性の場合、子を宿しているということを意識しないことも、忘れることも決してありません。そして子どもが生まれれば、か弱く壊れやすいこの生命の面倒を見ずにはいられないのです。一方父親は、もうその場から去ってしまっていることすら珍しくありません。私たちが望もうと望むまいと、創造の基本において男性と女性の役割はそれぞれの気質と人生においての振る舞い方に影響を与えるのです。

Day 160 真の感受性とは目に見えない世界に対して働く

・・・

私たちがいう「感受性」とは、しばしば、少しでも批判や対立を受けたとたんに、攻撃され、傷つけられたと感じる病的な傾向を指します。不幸にも、誰もがその種の感受性を持っています。それはあまりにも蔓延していますが、真の感受性ではありません。

真の感受性とは、私たちの周りにある目には見えない現実の存在や空間を動いている流れや、私たちを取り囲んだり、訪れたりする存在を感じることができることを意味します。

心霊界では、物質界よりもずっと多くのことが起こっています。ですから心霊界での流れや、そこに存在するもの、捉え難く精妙なものすべてを感じる訓練をしなければなりません。これらはすべて実体のない微細なものです。ですから、真の感受性とは目に見えない世界に対するもの、特にこの目に見えない世界に含まれている光り輝く神聖なものに対していうのです。

Day 161

相手の中にある神の原理に焦点をあてる

・・・

一見、重要とは思えないような人にも、良い性質や美徳があり、それらが現れる瞬間を待っています。それゆえ指導者たちは、自分の生徒の欠点を見るよりも生徒の神聖な可能性をすべて引き出すことに努めます。これこそ私があなたを導くやり方で、あなたがやるべき務めでもあります。

他人に対する神聖な思考を育てることです。そうすることで、たいしたことでもないささいなことにはこだわらず、人が持つ神聖な原則だけを考えることができるようになります。こうすれば、あなた自身のためにも良い働きができますし、人を助けることもできます。もしも他人の欠点を正そうと考えているのでしたら、まずあなた自身のためにはなりません。なぜなら、それは汚物を食べているようなものであり、他人の進化を邪魔していることにもなるからです。実に多くの人びとが、他人の欠点を指摘すればその人が行いを正す役に立つと思っていますが、全くの見当違いです。それは逆で、他人を助けることは、その神性な本質に注意を払うことによってのみ可能なのです。

Day 162

愛は殻を脱ぎ捨てさせるもの

・・・

表面的には子どもには権力がなく弱いものです。ただ力がないというまさにその理由で、権力のある人が失敗するところで子どもは成功するのです。それは、子どもは頓着せず生きして、自然で、愛を呼び覚ますからです。一団の人びとが大臣のもとに嘆願をしにきたと想像してください。彼らは論拠を展開し、説明をし、しつこく主張します。

しかし、それらはすべて無駄となって終わります。ところが、大臣の小さな子どもが来て父親に抱きつき、笑顔で彼に甘えると、子どもは自分の欲しいものすべてを手に入れてしまいます。子どもは殻や障壁を崩し、心を開かせます。太陽がどのように作用するか見てください。太陽は輝き、そのぬくもりを送り、嵐や雹《ひょう》や風が全力でもできなかったことを成し遂げます。人は服を脱ぎはじめるのです。

この例から引き出せる結論は、もしも私たちが冷たく高慢で、横暴であれば、私たちの周りにある魂は殻に包まれるということです。私たちが強硬な態度で望んでも、誰も応答しません。しかし、私たちが愛の光線をもって周りの魂をぬくもりで包めば、殻は落ち、魂は私たちに向かって自らを開いてくれるのです。花は寒さではなく、暖かさで開花するのです。

Day 163

与えること、感謝することは人を豊かにする

・・・

誰かに何かを与えれば、もちろん、それはもうあなたのものではありません。1キロの果物を買って八百屋に代金を支払えば、お財布に残るお金は減ります。しかし心霊界では事情は異なります。心霊界では、あなたが与える良いもの、光り輝くものはすべてがあなたを豊かにしてくれます。人に対して感謝の気持ちを持てば、たとえ相手が何も与えてくれなかったとしても、あなたは何かを受け取ります。何も驚くことはありません。

感謝というのは魂と心を開くことであり、こうしてあなた自身を開けば、あなたは自然や生命にあるすべての美しいもの、素晴らしいものを受け取ります。これらの贈り物が特にあなたのために用意されていなかったとしても、受け取るのはあなたなのです。

ところが恩知らずな者は、贈り物を受け取るはずだったとしても、もう何ももらえません。感謝をしましょう。そうすれば、あなたに向かって天が開かれるという感覚を受けるでしょう。たとえ感謝する理由が何もないとしても、1日に何度でも言いましょう。「神よ。ありがとう。ありがとう。ありがとう」と。

Day 164

自分の持つエネルギーの節約方法を学ぶ

・・・

人生は緩やかな燃焼です。肉体の努力、感覚、感情、興奮状態のひとつひとつが、私たちの中にある多々の資材を燃焼します。この意識を常に持っていてください。ほとんどの人はまるで自分のエネルギーが無尽蔵であるかのように振る舞い、自分が持っているものには限度があるのだということに気づいていません。神の創造物である人間が地上に降り立つとき、ある一定量のエネルギーを授かって来ます。その人が分別なく自分の蓄えを無駄に使用してしまえば、残念ですがもうそれ以上与えられることはないでしょう。

時に、誰かが仕事をやり遂げるためには、ただ一滴の生命がありさえすれば足りるという場合でも、この滴《しずく》は与えられません。ですから注意してください。もしもあなたに壮大な計画を実現させる気があるのなら、エネルギーを節約してください。あなたの持ち分は計量されています。注意していなければ、あなたの貯蓄は尽き果て、それ以上は働けなくなってしまいます。そうなると、あなたは自分の任務を果たす前に去らなくてはならなくなります。

Day 165

頭脳とは、耕し種を蒔かねばならない土壌

・・・

そもそも私たちが生きていなければ、科学も哲学もそれほど有用ではなくなってしまいます。生きるためにはあらゆる領域において適切な栄養が必要です。しかし、大学で学生が得られる知識は彼らに栄養を与えません。足はよろめき、地に着いておらず、心は空っぽで視野はぼやけているのです。これは象徴的な意味なのですが。

秘儀の学校では、学生たちは十分な食事を与えられ、強く頑丈になると鋤《すき》を与えられ、どのように畑を耕して作業をするのかを教えられます。もちろん、ここでもまた、土は象徴的な表現で、人間が各自所有している土、つまり頭脳を意味します。自分の土に鋤を入れて良い種を植えて耕す方法を知っている人は、一生満足に食べることができるでしょう。それ以外の人のところには棘《とげ》やアザミや荊《いばら》だけが成長するでしょう。それらは役に立たず、加えて、自分にとっても誰にとっても有害なものなのです。

Day 166

神聖化の意味とは

・・・

神聖化という言葉は、物事と創造物の振動の変化を生み出します。物質的な次元を超えたところには、もっと精妙な次元が存在していて、精妙な次元で起こることは、最終的には物質的な次元にも影響を与えるのだということを決して忘れないでください。それゆえ私たちは1日1日、神に私たちの生命を捧げなければなりませんが、ようするに私たちの活動のみならず、四肢や臓器を含む体全体を神聖化し、これらが純粋なエネルギーの流れを受け、送信する役割を果たすようにしなければなりません。

なぜ私は、子どもが生まれたらすぐに神聖化することを親たちに勧めるとのだと思いますか？　そうすることで親は子どもの霊的なものの中に溝を彫り込み、この溝のおかげで子どもは光り輝く神聖な方向へと導かれていくからです。子どもは善なる力の流れを受け取り、暗い流れはそこからそらされるのです。

Day 167 すべての出来事には理由がある

・・・

出来事にはすべて理由があります。賢者はそれを理解しているから、何者も彼から光と喜びを奪うことはできません。たとえ多くの出来事が説明のつかないものだとしても、彼らはその理由を理解できる日が来ることを知っています。

私たちは出来事や状況に直面したとき、最初は理解できず不条理だとさえ思うことがよくあります。しかし、人生とは意味のないものだと結論づけることほど劇的で危険なものはありません。賢者は決して、自称「哲学者」のように、〝すべては偶然であり、混沌であり不条理なのだ〟とは考えないでしょう。まだ自分たちが理解できていないことを、「意味のないことだ」とうそぶくとは傲慢なことなのです。

Day 168 障害は私たちを頂上まで押しあげる

・・・

人間の正しい成長のためには、成功が常に願わしいことだとは限りません。もちろん、弱くて小さな人であれば、先行く道で多くの障害が立ちはだからないほうがよいのでしょう。失敗したときに立ちあがれなくなってしまいますから。

しかし、これが強い人だと、逆境と敵が食べ物であるかのようにエネルギーを与え、失敗によってさらに強くなり、やがて無敵となります。

残念なことに、それほど多くの人が障害や不運に対して勇敢に立ち向かい続けられることはありません。たいていの場合はすぐに落胆し、打ちのめされてしまいます。不運をバネに強くなるには、内面の豊かさを持つことです。

その人の素質を知るがゆえに、天が試練を与えることさえあります。頂点に到達するには、ある人は非常に大きな困難に打ち勝つ必要があるということを天は理解しています。その一方で、他の人には手心を加えます。そうしなければ、彼らはすぐにあきらめてしまうからです。つまり天は人によって対応を変えているのです。それゆえ、誰かの運命について確固たる意見を述べることは難しいことです。試練とは、しばしば天から課された足枷《あしかせ》のように思われがちですが、実際は人が頂上まで登りつめるために天から与えられる適切な条件なのです。

Day 169

柔軟性は、異なる状況に立ち向かうことを可能にする智恵

・・・

人生はとてもさまざまな状況に人を直面させるものです。ですから、それらに対応するため、私たちは柔軟になることを学ばなければなりません。どのような状況にあっても同じような反応をし、同じ手段、同じ手法を使う人がいます。しかし、それぞれの問題には適切な解決策が要求されるので、この人たちはしょっちゅう障害物にぶつかり砕けるのです。もう少し柔軟で心理学者か外交官のようであればよいのですが。外交官といっても偽善的でずる賢いといった侮蔑的《ぶべってき》な意味ではなく、外交術がある人はある種の智恵があるという意味です。

真の賢者とは外交官であり、心理学者であり、どういう状況でどういう人には、どの方法を使えば善行に繋がるかを知っている人たちです。彼らは潮の流れや座礁を熟知し、船が転覆しないためにどのように導けばよいかを知っている船乗りのように考え、操ります。それゆえ、柔軟であるということは賢者のごとく、そして心理学者のごとくあるということなのです。

Day 170

自己鍛錬をしてこそ色彩の力の恩恵を受けることができる

秘儀の科学では、プリズムの7色には神聖な美徳の意味が含まれていると言っています。紫には犠牲、藍は安定性、青は真実、緑は希望、黄色は智恵、オレンジは神聖さ、赤は愛。それぞれの色に集中することで、スピリチュアル（＊訳注）な力を得ることができます。

しかし、その力を本当に得たいのであれば、対応するそれぞれの美徳を実践することで、集中力を高めるエクササイズを強化することが必要です。でなければ何も得ることはできません。自分の生き方を向上させることもなく、これこれの儀式や降霊術に専念しさえすれば、偉大な魔術師になれると思い込んでいる人びとと同じになってしまいます。見えない世界の高次の存在は、そのような試みには揺り動かされません。唯一、低次の想念形態や虫けらなどは引きつけるでしょうが。

天使や大天使たちを呼び寄せたいのであれば、あなたの美徳を使ってください。天の存在は真の光、つまり純粋さ、無私の心、自己犠牲を捧げる者のところにのみやってくるのです。

Day 171

民衆は自分のようなリーダーを引きつける

・・・

民衆が幸福になるためには、指導者の責任が大きいのはもちろんです。しかし、民衆もまた、正義と繁栄と平和を国に行き渡らせることのできるような指導者を引きつけるために何かしらの役割があるのです。これからお話することは、この教訓についてです。

昔々、飢饉、疫病、暴動などの不幸ばかりが起こる王国がありました。王は自分の権力をも脅かす災害をおさめるのにどうしたらよいか分からず不安になって、1人の賢者を呼びました。賢者は言いました。「陛下、あなた自身がこの状態の原因です。あなたの生活は怠惰《たいだ》で堕落しています。そしてあなたは時に無情で不当で残酷です。だからあなたの民に災害が起こり続けるのです」。そして賢者は民衆の前に現れ、こう言いました。「あなた方が苦しんでいるのは、それが当然の報いだからです。あなた方は分別のある生活をしていますか？お互いに誠実で、正当で、忍耐強いでしょうか。違いますね。だから、皆さんが自分と同じような君主を引き寄せたのです」

これが、賢者がこの問題について説明することです。一民衆が光の中で生きることを選択するとき、天は気高く誠実で、国民に祝福だけをもたらす統治者を彼らに送ります。

しかし、民衆が正しい決断を下すことのできない人に統治されているのであれば、その主な責任は自分たちにあるのだと理解すべきです。

Day 172

祈りが困ったときの助けになる理由

・・・

祈りが自然と自発的に出てくる人は、苦悩と不幸に立ち向かうにあたり、他の人びとより守りが強固です。地の暗さと重苦しさから逃れ、天の力へと呼びかけることができるこの能力のおかげで、彼らは内面での辛さと失望を軽減できるからです。

私たちは試練を経験しないわけにはいきませんが、そのいくつかは集団に生きているということがひとつの理由であり、避けられるものではありません。たとえば戦争をとってみましょう。戦争の間、どんな形であれ誰もがその被害を受けます。

しかし、祈る人は精霊の力に呼びかけをし、内なる場所において、この状態を変えていきます。外的な出来事はすべての人にとって同じでも、周りが皆打ちひしがれていくなかで祈っているこの人は、光の助けを受けるのです。そしてこの助けのおかげで他の人を支え励ますこともできるのです。

Day 173

指導者が生徒のために払う犠牲

・・・

霊的指導者は人に教えることに同意した瞬間から巨大な犠牲を払うことになります。なぜなら、自分の成長に使うことのできるはずの多大な時間とエネルギーを他人のために費やさねばならないからです。〝でも指導者はすでに仕事を完成させたのではないですか？〟と思うかもしれませんね。確かにある程度の量の仕事は完成させたかもしれません。

しかし、常により高いレベル、より輝いた光、より偉大な力というものがあるのです。常に生徒の面倒をみるようになると、指導者には以前のように自分のための活動の時間はありません。生徒とともに行おうと決めた修行にしても、指導者は辛抱強くいなければなりません。時には、彼は一時《いっとき》立ち止まり彼らを待ちますが後戻りはしません。生徒たちが彼に追いつくと彼は喜び、さらなる高みに上げるために再び出発します。しかし、すぐまた生徒たちのために立ち止まらねばならなくなるでしょう。

指導者が自分の道を１人で追求したくなったとき、彼の心はこう囁きます。「もっと忍耐をもって、もう少し待つのです」と。そして彼の心はすぐに情け深さを促すのです。

Day *174*

太陽とは生きている存在

・・・

一見すると太陽は、私たちが光と熱を受け取れる火の玉くらいにしか見えません。しかし、実際には太陽はひとつの生きた存在であり、そこには光の創造物が住み、人間よりずっと高度な進化を遂げています。太陽に住んでいる生物の考えは想像にすぎないと思いますか？　それではあなたに聞きます。「あなたの内には何の生命も住んでいませんか？」あなたの内側、脳、心臓、肺、胃にはおびただしい数の生命がいます。「そんなことは考えたこともない」と言う人は、今こそ考えるときです。あなたの体の細胞はすべて生きた創造物です。あなたは自分の中にそれらを宿し、そしてこれらの創造物のおかげで、あなたには果実のたくさん実った庭があります。思考と感情の庭です。それと同じことが太陽にも言えます。なぜなら宇宙にあるすべてのものは同じ型にそってつくられたのですから。

Day 175 犠牲とは木片が光になるイメージ・・・

「犠牲」という言葉を聞くと、あなたや周囲の人びとの表情はすぐに曇るでしょう。ほとんどの人にとってその言葉は、禁欲や苦難の考えをともなっているからです。

反対に、スピリチュアルな人びとにとっては、この言葉は愛、喜び、美の考えをともなっています。スピリチュアルな人びとは、自分の好きなことや都合のよいことをいくらかあきらめることによって、より高い次元で、より大きな充足感を味わえることを知っているのです。

犠牲とは、ひとつの物質が別の物質に、ひとつのエネルギーが別のエネルギーへと変換されることです。自身を犠牲にするということは、一片の朽ちた木片が火にくべられるようなものです。火にくべられる前には、その木の一片はくすんでいて無用なものです。

しかし、火が焚き続けられるためにその中に入ることを受け入れれば、それ自身が火となり、ぬくもりと光と美しさとなります。ですから、犠牲には苦難と禁欲がつきものであるという考えを取り除いてください。なぜなら、犠牲はあなたを暗闇から出して光にしてくれるのですから。

Day 176

信念は口にする前に強化せよ

・・・

あなたの信念と抱負を強化するために長期にわたって努力してください。もしもあなたが「ついに光の道を見つけた。この道を行く決意がある」などと人びとに言ってまわれば、あなたは自分に対する障害を設け、反論を引き起こすような立場に自分自身を置くことになるでしょう。

何人かは、あなたは道を間違えているとか、あなたはうぶな理想論者だといったことをあなたに分からせようとするでしょう。そして、もしもあなたの信念がまだ確固たるものでなければ、あなたに反する人びとに説得もできないだけでなく、彼らに屈服して終わってしまうでしょう。

ですから、あなたの抱負が実現へと向かいはじめているのでない限り、それらを表に出すべきではありません。それらはたいせつに守られるべきであり、見守られるべきであり、あなたの最高の思考と感情をもって養われるべきなのです。

Day 177

バラは金星から発生する放射物・・・

花咲くバラを見つけたらそばまで行き、金星から降りてきた生きている創造物の前にいるのだと思って見つめてください。どうしてバラが金星から来たなどと言えるのかと思うでしょう。大気圏の条件からすると、そこではどんな生物も生きることが不可能なのですから。

実際そうなのですが、秘儀の科学では、惑星は天文学が研究する物理的かつ物質的形体にとどまりません。秘儀の科学では、惑星は通路であり、宇宙の流れと地球の間の媒介です。惑星を仲介して、地球は神自らを源とする流れと影響を受け取ります。それゆえ太古の昔から秘儀参入者は、月は純粋さ、火星は知性、木星は寛大さというふうに惑星の性質と美徳に結びつけていたのです。

ですから、惑星は宇宙を走り抜ける流れにとっての貯蔵庫のようなものです。この流れは、その性質に従って地上でそれぞれの容器の中に凝縮するためにやってくるのです。

バラは金星から来る愛の流れの容器です。私たちがバラに近づくとき、私たちは金星からの愛を受け取っているのです。

Day *178*

知性と心は内面の光と暗闇

・・・

肉体的には人は男性か女性のいずれかです。しかし、すべての創造物には女性の面があり、これは受動的であって闇に象徴されています。また同じく男性の面があり、これは活動的で光に象徴されています。光は闇へと入り、闇を照らし、そこからすべての豊かさを引き出さねばなりません。

たとえば私たちの中では、知性が光を顕し、心が暗闇を表します。知性は心に入り（私たちと他者の）、光を与え、共に働きます。

この様子をイメージを使って説明すると、知性はまるでピストンのように心の中に入ったり出たりする動きを繰り返します。知性をこのように使わない人びとは何も理解することはできず、とりわけ自分自身を知ることができません。叡智は己の光をもって心の深淵に入り込み、こうして心の宝物である貴石と貴金属と貴重な液体の隠れた鉱脈を発見するのです。知性は心の薄暗い井戸の奥へ降りていき、貴重な水を汲んでから、またのぼってくるのです。

Day 179

5人の賢い乙女と5人の愚かな乙女の寓話

・・・

あなたには素晴らしいチャンスが幾度となくあります。しかし、それを生かすことができていません。なぜなら、まだ準備ができていないからです。これが聖書の福音書の中の5人の賢い乙女と5人の愚かな乙女の寓話の意味するところなのです。ランプの油を用意していた賢い乙女だけが花婿によっ婚礼の宴《うたげ》に迎え入れられました。

賢い乙女に用意されたランプの油が象徴するのは内なる条件です。これらの条件が満たされていれば、誰かに出会ったときや美に出会ったとき、また真理に出会ったとき、私たちの人生をまるごと変えてしまうような出会いがあったとき、私たちはそれに向きあい、精神は開かれ目覚め、すぐに行動に移れる状態にあるのです。

一方、低次の活動、もしくは状態に身を委ねてそのエネルギーを使い果した人たちは、婚礼の宴に迎えられなかった愚かな乙女たちのようになるでしょう。内面の部分では、この人たちは閉め切られた扉の前に佇《たたず》むこととなるでしょう。

Day 180

与えることは私たちを活気づけ豊かにする

・・・

与えるという考えは常に持っていてください。いつでもあなたの持っている最高のものを与える習慣をつけるのです。もちろん、この哲学は人びとの間で広く知られているものではありません。世の中では人は受け取ることばかりを考え、誰かに関心を示すのは、唯一、何かを手に入れられるからなのです。

秘儀の学校に来ても、なお受け取ることだけを望んでいる人たちもいます。しかし、しばらくたっても、そんなに多くのものが彼らの手中に入ることはなく、見つかるものは興味も惹かれない真理だけなので飽きて去っていきます。

これからは次のように考えてください。あなたの中に素晴らしい菜園があると想像してください。この菜園にあらゆる種類の花と果実を育て、世界中に出荷します。他人に何かをしたいと願うゆえに、あなたの前にあるドアがあちこち開き、すべてが新鮮に感じられ、たえず新しい発見に恵まれることでしょう。このように、与えたい、他人に何かをもたらしいと思ったときにこそ生命はあなたの中であふれはじめるのです。

Day 181

賢者は悪とは対峙せず、悪の方向をそらせる

・・・

ある賢人が自分の庭で果物をもいでいたところ、突然、騒音が聞こえ1人の男が走っていくのを見ました。彼は男に尋ねました。

「そんなに急いでどこへ行くのですか？」

「近所の人が銃を持って私を追いかけているのです。彼は穀物倉に火をつけたのは私だと言うのです」

「早く行ってください。私がどうにかします」

もう1人の男性が現れました。賢人は尋ねました。

「そんなに走ってどこへ行くのですか？　あなた、相当息が切れていますよ。お座りになられては？」

「いいえ、私の穀物倉に火をつけた奴を捕まえなくては。一生忘れられないように根性を叩き直してやらなくては」

「もう遠くに行ってしまったことでしょう。この果物を見てください。美味しいですよ。ちょっと座って味見してみてくださいよ」

ついにその男は座って果物を味わって食べました。賢者は庭の花や木や青い空などもじっくりと見せました。この少しの休憩がその男の気持ちを変えました。彼は近所の男を追いかけることをあきらめ、それればかりか賢者に果物をもぐ手伝いを申し出たのです。

こんな話はありえないと言うかもしれませんが、そんなことはありません。この賢者がもしも怒った男の前に立ちはだかり、「止まりなさい、そんなに走る必要はありませんよ」と言ったとしても、その男は耳を貸さず彼を押しのけ、賢者は力づくで止めざるをえなかったでしょう。賢者はそれを知っていたのです。そこで彼は果物をあげることで、この男の注意をそらしました。これは、誰かが悪いことをしているのをやめさせたければ、対立するよりも彼らのエネルギーをそらすようにしたほうがよいということを示しているのです。

Day 182

明日について思い煩わない

・・・

キリストは「明日のことは思い悩むな。明日のことは明日自らが思い悩む。その日の苦労はその日だけで十分である」と言っています。この言葉を、無頓着に生きろという意味に解釈した者もいますが、それは全く反対で、キリストは、われわれが今日をよく生きるための助けとなる意識と警戒心とに重きをおいているのです。

「その日の苦労はその日だけで十分」なのですから、「苦労」はすべきなのです。明日はひとりでになんとかなるものではなく、成り行きに任せるのは軽率というものです。明日のことを思い悩まないというのは、今日については悩めという意味なのです。今日こそが私たちの関心と心遣いのすべてを必要としているのです。

なんとたくさんの人が現在を忘れ、未来のみに気をとられていることでしょうか？　今現在を生きているのに、人びとは「現在」についてたいして真剣に考えもしていないのです。しかし、実際には「今」にこそ心を傾けておくべきなのです。

Day 183

愛を長続きさせる方法

・
・
・

あなたの愛を長続きさせるにはどうすればよいでしょうか？　それは愛情を感じるようになった対象に貪るがごとく猪突猛進しなければよいのです。最初の興奮状態の情熱が過ぎ去れば、あっという間に倦怠期に陥《おちい》り、飽食した後のように閃《ひらめ》きも喜びも感じることができなくなってしまいます。

私には、人は常に人生を豊かにし、意義を与えてくれるものすべてを破壊することにいそしんでいるかのように見えます。この愛はすべての祝福をもたらしてくれるというのに、わずか数分の快楽のためにその天国を犠牲にしてしまうのです。なぜ、味わっているこの甘美な感情をできる限り持続させるよう、肉体的表現による愛情を抑えようとはしないのでしょうか。

残念ながら、人間は誰かに惹かれると、あっという間にその関係をおしまいにしてしまおうとする傾向があります。結婚して子どもができても、人間は習慣によったり、因習を尊重したり、友人と親戚の手前、うわべを取り繕うために同じ生活を続けるのです。しかし内心では、とうにそれらに対する別離がきています。愛情を維持し、人生を長きにわたり豊かにするのは、捉え難い精妙な感情です。これこそが不滅の生の真なる秘薬なのです。

Day 184

生徒は指導者の完全な復元物にはなりえない

・・・

父親が自分の息子に自分を見たり、指導者がその生徒たちに自分の片鱗を見いだしたりしても、息子が彼の父親になったり、生徒が彼の指導者になることはありえません。人それぞれに道と使命があり、生徒がその指導者を模範としても、結局は自分自身の本質に従って成長するしかないのです。一例を挙げるなら、生徒は楽譜に従って歌う努力をするしかありませんが、それは自分の声帯と声を用いて行うものであって、先生の声とは決して同じものにはなりません。

それでいいのです。唯一たいせつなのは楽譜を演奏すること、つまり人類のすべての偉大な指導者のものである永久かつ真実の哲学を遵守することだけなのです。

Day 185

星空を見つめることの影響

・・・

夜、空が澄んでいたら、一時《いっとき》足を止めて星を見つめてください。そして自分が地球を離れ、地球での闘争を離れ、そこで起こっている悲惨な物事を離れて、空の住民になったと想像してみてください。星座の美しさと、そこに住む生き物の偉大さについて瞑想してみましょう。徐々に宇宙空間へと昇っていくにしたがって、あなたは自分が軽く自由になっていくような気がするでしょうが、とりわけ平穏を見いだし、その感覚はあなたの全体に少しずつ浸透していくことでしょう。宇宙とそこに生きる生き物を造った叡智について熟考することで、あなたの魂が繊細なアンテナを広げ、こうして遥か彼方の領域と通信しているように感じるでしょう。これは崇高な瞬間であり、忘れ難いものとなるでしょう。

Day 186 死後の人生は、現在の人生においてつくられるもの・・・

死後の人生とは、形は変わっても今現在の人生の続きであり、今用意されるものです。魂が体を去って何日かすると完全に分離したものとなります。それでも体が経験したこと、痕跡として刻まれたことのすべては不滅であり、魂に変わらぬ影響を与えるのです。

常に自分のエネルギーを最善の方法に使う努力をしてください。地上で成した善と美のすべてをもって、次の世界でも何かしらを築き続けることができるでしょう。

死後の世界で平和と喜びと光を知るためには、魂が体から解き放たれるだけでは十分ではありません。平和や喜びや光は、あなたが地上に存在している間に実現できた結果としてあちらに持っていける唯一のものなのです。

Day 187

天の答えを受け取る準備・・・

肉体で起こることと同じ現象がサイキック体（＊訳注＝感情・思考体）でも起きているのだと、人が理解したならば、それだけで進歩でしょう。私たちは汚染された空気を吸ったり、よくない物を食べれば体に不純物が入り、完全に除去することはできません。そして自然の力との交流も途切れてしまいます。

同じように、人が思考と感情と行動への注意を怠ると、サイキック体に不純物を導き入れてしまいます。これらの不純物によって不透明な膜が張られ、当然のことながら神聖な世界との交流は絶えてしまいます。

「天に向かって祈り、助けを求めても何ら回答を得られない」と言って嘆く人がいますが、そういう人はまず次のことを受け入れてください。神聖な世界はあなたたちにメッセージを送り続けていますが、それを受け取るための準備というものがあります。準備というのは、自分の思考と感情と行動を純化しようと努めることで、生き方を向上させることです。

Day 188

日の出のエネルギーを凝縮し、自らが光り輝く方法

・・・

生徒は、崇高な理想の実現を目的に、自分の思考と欲求と低次の本質の赴《おもむ》くものすべてを総動員することを学びます。あなたはおそらく気づいていないでしょうが、こうした統一と調和への努力は、太陽の働きによって達成されるのです。

朝、日の出を見ながら、あなたの意識があなた自身の太陽と精神、高次の自己へと近づいていき、太陽と一体化するようイメージしてください。それまであなたを引き裂いていた対立する力すべてが鎮静化され、統一され、光り輝く唯一の方向へと放出されるようになります。あなたはエネルギーの中心となり、まるで太陽のようにその威力は隅々までくまなく放射されることでしょう。

自分自身の問題を解決し自由となった人は、人類全体のために働くことができるようになり、太陽のようになるでしょう。そして自由ゆえ、その意識の範囲を人類全体に広げ、満ちあふれる光と愛を送るのです。しかし光を放射する前に、自らの本質の力を集結し、ただひとつの方向へと送り出すことを学ぶ必要があるのです。

Day 189

鍛錬を有益にするには、それを重荷に感じないこと

・
・
・

自己分析を習慣づけて、無意識につくりあげている障害や遮蔽物が見えるようになってください。たとえば、あなたのスピリチュアルな成長のために必要な鍛錬を辛い義務としか感じられないようなら、そこにはあなたの心が欠けているのですからそれは無駄でしかありません。あなたの内にあり、それはあなたの助けになるものです。障害となり立ちはだかっているものを見つけてください。

1日の中で、自分を解き放ってくれる鍛錬をする機会はあります。これらの鍛錬を苦役とは思わず、自分を救済するための方法だと思ってください。徐々に新しい生命が湧き出て、あなたのすべてが調和し、再構築されるでしょう。私がここであなたに教えていることや、私たちがしている鍛錬が面倒で辛く無駄だと思えば、あなたは自身の道に遮蔽物を設けてしまいます。しかし、これらの鍛錬を愛と喜びをもって行えば、いずれ鍛錬なしには過ごせなくなることでしょう。

Day *190*

子どもへの教育が物事への覚醒に導く

・・・

子どもが幼いうちから世界へと目を開くよう、なるべく多くのイメージを記憶に蓄積することはとても重要なことです。というのも、彼らの内面の世界を豊かにするのは、ごく早期に行われるこれらの経験だからです。

大人たちは形、音、色、香りに注意を向けさせることで子どもを導いてあげるのです。そして当然、危険がないように配慮をしつつ、親は子どもが周りに起こる出来事に対して意識を持つように仕向けるのです。やがて子どもは学校へ行き、そこで知識を得るようになりますが、これは必要なことであっても十分ではありません。身分が低かったり、粗末な生活をしている人も含め、より多くの人に接し、その知性と感性を養うこともまた、たいへん重要なのです。人びとが仕事でいかに苦労するかを子どもが見て、額に汗して稼いでいくばくかのお金を得るということがいかに尊いかを知ることがたいせつなのです。

Day 191

歌は内面の緊張をほぐすもの・・・

私たちが歌うときは、のどから横隔膜にかけて何か力強いものが動きだして声が出ます。そして歌うことによって緊張と内部の重力から解放されます。

私たちは天使についてどのようなことを知っているでしょうか？　天使には羽根が生えていて、鳥のように歌を歌っている生き物だと考えられています。天使も鳥も軽やかさと飛《ひ》翔《しょう》と歌を連想させます。このように私たちは歌い、自分にのしかかっているすべての重荷から身を振り払うべきなのです。

歌のおかげでどれほど人間の精神的な疾患が治癒されることでしょうか。歌によって起こる振動が人間を取り巻き、そこにいる闇のものたちを分散するのです。歌は生命の表現であり、生命そのものが歌に他なりません。和と光で軽やかな領域に入るためには、私たちを取り巻く重苦しい空気を追い払い、より活性化することが何より必要なのです。

Day 192

足の右と左は、知性と心に関連している・・・

2本の足は1本足よりずっとよいということをご存知ですよね。そんなことは当たり前だと皆さんは答えるでしょう。それならば、どうして人は片方の足にだけに乗っているのでしょうか？　私の目には、まさにあなたが歩くのでなく、絶え間なく1本足で跳んでいるのが見えます。世の中には常に心である左足（考慮に欠ける）だけで反応する人と、常に知性である右足（親切心も寛大さも持ちあわせていない）で反応する人とがいます。知っているつもりでも実践はしないので、実は知らないという物事がいかに多いか分かるでしょう。

なぜ、私たちが左足と右足を交互に前に出して歩くようになっているのでしょうか。簡単なことです。あるときは心をもって、またあるときは知性をもって反応すべきだということを、私たちに教えているのです。正しく行動するには、私たちは男性的な原則と女性的な原則を、どういう場合に極性を変えるかを踏まえたうえで、代わる代わる出さなければなりません。足2本を使って進むことができないがために、解決不可能に思える問題がどれだけあることでしょう。

Day 193

私たちに批判する権利がある唯一の理由

あなた自身が弱点を克服したという経験がない限り、他人を批判する権利はありません。あなたが誰かを否定的に判断するというのは、あなた自身が同時に判断されているということです。誰によってだと思いますか。あなたの内なる法廷、あなたの意識によってなのです。こんなときには、あなたの中に沸き起きる声があり、こう質問を投げかけるでしょう。「あなたはこのように判決を下すが、自分自身にいかなる形であろうとこの同じ欠陥がないと言いきれるだろうか。ただでさえあなたにはこの欠点があるというのに、そのうえなお心を狭くして愛にまで欠けるのか。あなたの心と魂の中に何かが失われているところだとは思わないか」と。

権利もないのに他人を裁こうとする人は罰を受けますが、そこには去って行く光があるということです。人によっては「あなたの言う声を私は一度も聞いたことがありません」と言うかもしれません。それもそうでしょう。この人たちは聾《ろう》になりうる限りを尽くしたのですから。

Day 194

体の細胞のほとんどは、私たちのコントロール下にない・・・

誰もがスピリチュアル(＊訳注)な真理を発見したときに熱狂し、これからはこの真理を肝に命じながら生きていきたいと心から願います。しかし、あっという間にこの熱狂が冷めてしまうことがあります。その理由は、あなたの体を構成している何十億もの細胞の住人全員の納得が得られていないからなのです。あなたが受け取ったばかりの光、決心したばかりの良い決意は、その内の限られた細胞しか納得させられなかったのです。他の細胞は聞こえないふりをし、その習慣が変えられるのを拒否するのです。後者のほうが多勢なため、勝つのは彼らなのです。

どうやってこれら内部の人口すべてを賛同者の側に入れるか、これこそが問題なのですが、それもやはり私たちの仕事です。私たちの内面に浸透するよう十分な努力をし、体の器官全体の細胞との関係を築くと、細胞が聞き入れる態度をとるように柔軟になっていきます。そうすると、私たちが光の道へ導かれるのを支えてくれるようになるのです。

Day 195

交流とは双方向に行うもの

・・・

兄弟に関心を抱き、彼らの弱さと欠点と、彼らからの仕打ちを許す者は、天の存在から慈悲と支えを受けます。自分より劣るからなどという言いわけで、他人と交わることを拒否する人たちを決して真似しないでください。彼らは無知であり、自分がこうして交流の法則に背いていること、そしてそのために神聖な世界が彼らと交流するのを拒否することになるということを知らないのです。それぞれの人が他者との真なる交流をどのようにするかを見いださなければなりません。

学者はその学識を、賢人はその光を与えることで、そして受け取る側は啓蒙を受けたことを喜ばしく思えばよいのです。強き者は弱き者を助けることを、富める者は貧しき者を援助することを幸いとし、そして弱き者と貧しき者は助けられたという思いに感謝の心を持つようになります。

どのような領域においても豊かさを他へ回すのを拒む者はすべて、よどんだ水、湿地でしかありません。このような人びとは強力な交流の法則を知らないため、人生の意義を見つけることはないでしょう。真の幸福を与えてくれるのは、誠実で友愛に満ちた交流なのです。

Day 196

霊的指導者は、私たちが知っていたものを思い出させてくれる

・・・

あなたが知っていることはすでに数多くありますが、そのこと自体をあなたは知りません。これらの知識は遥か彼方から来ていますが、それはあなたがまだ永遠の光と愛と美の中にいたころのことでした。そこであなたは自分の神聖な起源と宿命と魂と精神の強さを発揮するための地上での務めについてすべてを学んだのです。しかし、あなたが地上に下りて肉体を持った存在となったときに、そのすべては忘れ去られてしまいました。それゆえ、あなたには師、指導者が必要なのであり、彼らはあなたがすでに学んだことと、生命の意義について思い出させてくれるのです。

何かの説明なり真理なりを読んだり聞いたりすると、〝これは知っていたことだ〟という強い思いを感じることがあるでしょう。その通りです。思い出させてもらう、それだけでよかったのです。まるで灰の中の炭火をおこすかのように。

Day 197

スピリチュアルな手法を物質的な成功のために使ってはならない

・・・

あらゆる分野において、その技術と道具についての知識は欠かせません。おそらく〝そんなことは当たり前のことだ〟と思うでしょう。ところが多くの唯心論者にありがちですが、まるで空腹時に食卓に食べ物が置かれたかのように意識を集中させて振る舞うのです。ただ立って食器棚に取りに行けばすむことなのに。腕も足も目も耳も口もあり、物質的な面ではすべて揃っているというのに、自ら努力もせずに天の力をわずらわせて、「神よ、私に成功を与えてください。お金を稼がせてください。健康にしてください。友達を与えてください」と言って願いを叶えてもらうことばかりを求めるのです。

しかし、天はこれにはご立腹で、「あなたが欲しいものを手に入れる術はすべて与えた。なぜこのように無知で怠惰《たいだ》なままでいるのだ？」と言い返すのです。精神的に成長するためには、瞑想、祈り、内省で思考を働かさねばなりません。しかし、他のことについては、腕まくりをして自らが動くしかありません。

Day 198

意識はすべての創造物に与えられているが、個々の意識を所有しているのは人間だけ

・・・

創造主はそのすべての創造物に意識を与えました。それは、石とか岩とか金属にいたるまでです。ただこれらの物の意識はそれらの外側にあり、非常に遠く宇宙の果てに存在しているため不活性状態です。植物の意識は地中の中心部にあります。ですから植物に話しかけ、私たちの言うことを本当に理解して反応してもらうためには、そこまで行かなければ真に触れあうことはできません。

動物は集団的意識を共有していて、各種がグループとしての魂を所有し、それに導かれています。動物に生殖、産卵、洄游、脱皮などの時期があるのは、彼らが自分たちの外側に存在するグループソウル（集合意識）に従っているからです。石、植物、動物はこのように外に意識があるのです。

人間は意識が内側に入り込んだ唯一の生物で、個人意識を所有する生物でもあり、それゆえその固有の意志を備えた思考をする存在なのです。こうしてみると明らかですが、存在するものすべてに厳然として意識があるのですが、進化の程度に従い、この意識は近くも遠く

もなるのです。

Day 199 スピリチュアルの効用に気づかなくても、それは確かに存在する

・・・

スピリチュアルな修行をしてもたいして役に立たないと嘆く人がいますが、内面の生に規律を与えるための努力を一度もしていなかったとしたら、どうなっていると思いますか？少なくとも、あなたが従おうと努力しているいくつかの規律と行っている修行とのおかげで、健康と安らぎと希望が望めます。スピリチュアルな人生をいったん捨ててみたら、何がよいのか分かるでしょう。

例を1つ挙げます。あなたは呼吸し、食べ物を食べ、眠っていますが、だからといってより頭がよくなるわけでもなく、お金がもっと手に入るわけでも、力が増すわけでもありません。しかし、呼吸するのをやめ、食べるのも眠るのもやめてみれば、どうなるかは分かりますね。それは死です。

人は食べ、飲みもしますが、そこに何の変化も認めることはできません。しかし、もしも飲食をやめてしまっていたら、大きな変化が起きたことでしょう。ですから、スピリチュア

ルでいても何も得られないというのはやめましょう。スピリチュアルでいることで気持ちの拠《よ》り所があり、正しい道から外れることもなく、少なくともあなたは生きていて、希望と光を抱いていられるでしょう。この光すべてをもってしても、まだ啓蒙の明るさの中にいるとは思えませんか？　では、もしもこの光がなければ、いったいどうなることでしょう？

Day 200

叡智とは陽気さの刻印

・・・

大勢の人が想像するのとは反対に、叡智とは悲しいものでも脆弱なものでもありません。真の叡智には愛もあるのです。心と知性は共に働くものです。叡智のランプから出るのは、理屈を説き重箱の隅を突っつくような粗探しをする知性の冷たい光だけではありません。このランプは輝いていますが、同時にそこから熱やその愛が広がり出ていて、それゆえ陽気なのです。叡智のランプは愉快さに満ちています。客観的に言えば、空に輝く太陽は、見た目には火の球にすぎません。ならば、どうして子どもは太陽を描くときに満面の笑みを浮かべるのでしょうか。本能的に子どもは、何かしら非常に重要なことを理解しているようです。子どもたちは、太陽の光に愉快な何かがあると感じています。ランプの踊る炎の中にも何か愉快なものがあるのと同じなのです。

Day 201 悪に打ち勝つには神聖な世界に同盟を求める

・・・

悪に対して身を守る術はそれほど多くはありません。一方で悪はしっかり武装していて、その兵器庫は類を見ないものであり、その前に私たちは無力です。それゆえ、この不均衡な戦いについて、神に私たちの味方になってくれるよう、お願いしなければなりません。ある国が敵に襲われたら、この国はどうするでしょうか。他の国と同盟しようとします。これは本能的なことで、人間は困難に陥《おちい》ると常に味方を探そうとする千年もの英知があります。孤独のままでは脆《もろ》すぎると感じているのです。

このようなわけで、私たちもまた悪の源は尽きず、孤立したままでは決して打ち勝つことができないことを理解せねばなりません。解決法は神、天にいる存在、大天使、神々と一緒になり、彼らを悪と戦わせるのです。そしてこの間、私たちは観客であり、戦いを観戦して、どのようにして天、つまり私たちの神聖な面、高次の自分が勝利をおさめているのかを見ているのです。

Day 202

障害物の間をぬって移動するコウモリの秘訣を学ぶ

・・・

動物から学べることのなんと多いことでしょうか！　美徳なり、振る舞い方なり、性格なり、私たちは考えさせられることが実にたくさんあるものです。たとえばコウモリですが、狭い洞窟の暗がりに数十匹、数百匹と飛んでいますが、壁にぶつかりつつもお互いに衝突しません。というのも、コウモリには一種のレーダーがついていて、障害を避けられるようになっているからです。コウモリはよい例です。

自分の動きも言葉も視線も測ることができない人間は、これをよく考えてみるべきでしょう。人間はお互いに擦《す》れあい、ぶつかりあい、衝突しあうだけです。身に覚えはありませんか。そうです、社会の中で器用に生きていくということはひとつの芸術であり、あなたはこの「尊敬」とも「心遣い」とも呼ばれるレーダーを内に発達させることで、これを身につけていくことができるのです。

Day 203

自分の内面に発見したものは、外側で見つけたものよりたいせつ

・・・

最初にあなた自身の中に見いだせなかったものを、あなたの外側に発見できると思ってはいけません。というのも、あなたの外で見つかるものでも、もしも内側でまだ見ていなければ、結局は知らずに通り過ぎてしまうからです。

つまり、あなたの内面に美を発見すればするほど、あなたの周りにも美を発見することになります。ひょっとしたら、以前見なかったのはそこには美が存在しなかったからだと考えるかもしれませんが、美は確かにそこにあったのです。ただ、あなた自身に何かが欠けていたがために、それが見えなかったのです。内側に美を発見した今、あなたは外側の美も見えるようになったのです。私たちが外の世界に見ることができるものはすべて、私たちの内側の世界の反映です。したがって、まず自分の内面で探し、見つけたものを高める努力をしなければ、愛も叡智も純粋さも真理も、またその他のものも見つかることはないでしょう。

Day 204

宇宙的組織は共に調和して生きる

・・・

秘儀の学校の生徒たちは、宇宙はどのように創造され、どの領域をもって構築され、どのような生物がその領域に住んでいるのかを探るために精魂を傾けています。このようにして生徒たちは、生きた自然の体系の中にこそ宇宙は存在し、自分はそれと調和しなければならないと気づきます。無秩序な行動で宇宙の組織に過度の障害をもたらす者は自然から排除されてしまいます。自然は粛正《しゅくせい》を行い、この人たちは追放の憂き目にあうのです。

無秩序に生きる人は、決して長くは受け入れられません。もしも人間が彼らと戦わないのであれば、自然は不調和を嫌うため、自然そのものが闘争に入っていきます。それは腫瘍、体におけるがんのようなものであり、自然がそこに治癒を施します。驚きましたか？　自然は身を守る術を知っているのです。ですから私たちが住み、養われている宇宙の大体系の中で調和して生きることが何よりたいせつなのです。

Day 205

最も効果のある薬は生命力・・・

化学とさまざまな技術のおかげで、医学が大いに進歩を遂げたということは否定できません。しかし、最良の医学とは、体の免疫力を強化するような条件、つまりただ単に人間を、その生命を強化するような条件下に置くことなのです。生命そのものが唯一、本当に力があるものなのです。生命がどのように傷を治癒し、膿瘍を壊し、新しい皮膚を生むか考えてみてください。

それなのに、このとても貴重な「生命」が、最も無視されているのです。人間はありとあらゆる無秩序な活動に身を任せて、生命を無駄づかいしています。人は生命を疲弊《ひへい》させ、使い果たし、その結果、生命はもはやささいな体調不良でさえ、自分で治すことができなくなってしまい、錠剤や丸薬に頼ることになります。

しかし、これらの物質には命がありません。「気をつけないと、あなたは体力をすべて失ってしまいますよ」と忠告されると、驚いて、「なんですって、体力とは使うためにあるのではないですか！」と答えるのです。確かにその通りなのですが、体力はほどほどに使うものであって、無駄に使い果たすものではないのです。

Day 206

本能はスピリチュアルな方向性を与えられて初めて制御できる

・・・

千年来もの本能によって、人間はその衝動へと駆り立てられています。どんなに下等な衝動であってもそうです。時とともに人間はいくらかの道徳規範を設ける必要があると感じるようになりましたが、それは好んだからではなく便利だったからです。たとえば窃盗と、人に危害を与えることが禁止され、処罰の対象となれば、社会の治安感は高まります。しかし、道徳的な状態は完全とはほど遠いものです。

人は常に自分の都合がよいように他人を犠牲にし、可能ならば消そうとします。もちろん、捕らえられ罰を受ける危険性があるので、肉体の次元では稀で、これは危険性のもっと少ない他の次元で行われています。思考を盗み、他人の感情を盗み、さらには他人を汚し落胆させ、言葉や筆でもって虐殺するまでにいたるのです。

ここで現れているのは同じ低次の本能であり、同じ罪がもっと精妙な形態となりますが、実際には、それはもっと精妙な領域でも行われています。私たちが秘儀の科学を学び、その本能をスピリチュアル(*訳注)な方向性で使えるようにならない限りは、低次の衝動は破壊的な力のままであり、常にその目的を達成することでしょう。

Day 207

努力が必要であれば緩やかに、しかし決して止めないこと

・・・

自己改革をしようと決意し、努力と鍛錬を始めたとしても、それがつまらなく、面倒くさくなり、少しすると飽きるということは、よくあることです。確かに努力を持続するのはたやすいことではありませんが、やめてしまうと大きな不都合が生じます。

車のエンジンを例に挙げると、始動させるためには一定量のエネルギーを消費しなければなりません。もしも停車してエンジンを切れば、再出発する際に同じだけのエネルギーを消費することになります。しかし、エンジンを切らずに車を一時的に止めると車の再出発はもっと簡単です。ここから結論を出せはしませんか?

内なる努力を始めた以上、もう止まらないでください。疲れたなら努力を少し緩め、その代わりに「エンジン」はかかったままにしておいてください。こうしておけば、ある日、怠《たい》惰《だ》に流されたことを後悔して努力を再開する気になったとき、しなくてもすむ苦労が少なくすんだことに気づくでしょう。

Day 208

神にいたる道で私たちはすべてを見つけ出す

・・・

富、権力、知、美などといったものはすべて、あなたにはとても魅力ある利点に思えるでしょうが、手に入れようと求めないでください。というのも、これで魂が満たされることはなく、たとえ手に入れたとしても渇望感が残るのです。時間とエネルギーを無駄に費やさないためには、何か実現不可能なもの、永遠に手の届かないようなものを望まなければなりません。この決して手には入らない理想とは神そのものです。私たちと神との間には無限の空間が横たわっていますが、そこには糸が1本張られていて、それがたどるべき道です。神であるこの地点へと向かうにあたり、私たちはあらゆる停車場を通りますが、それが愛、美、権力、知、力なのです。私たちの求めるこれらの宝は、神へと導く道の上で私たちを待っているので、探さなくても見つかることでしょう。

Day 209

存在とは縷々《るる》としたもの
・・・

ある意味では、死は存在しないと言えます。死は生に含まれており、私たちの生に対しての理解を深めるために、背景と衣服を変えることでしかないのです。

役者は新しい役を演じるたびに衣装が変わりますが、そのつど共演者も変わり新しい役によって自分と他の役者について新しく学びます。私たち自身もまた、あるひとつの役をいつまでも演じているわけにはいかず、一定の期間が過ぎればその人生の舞台を離れることとなります。この舞台退場が「死」と呼ばれるのですが、実際には途切れのない生のみが存在しているのです。役者は演じた後でも生き続けています。存在を一連のものとして見る習慣をつけなければなりません。精神的なものと物質的なもの、覚醒と睡眠、生と死など、あちこちに境界線を設けることは、人間のよくない習慣です。

Day 210

活動は早い結果を出すものが最善とは限らない

・・・

素晴らしい花を咲かせるということは知っているけれども、百年に一度しか開花しないということは知らなかったという植物の種を土に蒔くと想像してみてください。このような植物は稀ですが存在します。この場合、あなたは待ちながら不安で内心穏やかではありません。あなたが待ちきれないということから分かるのは、これほど美しい花をつけるこの植物の性質をあなたは知らないということです。

さて、ここに別の種があり、これは数週間で花を咲かせます。もちろん、こちらのほうがよく思えますが、その花はもっとありきたりのものです。あなたが始める活動はすべて土に蒔く種のようなものです。すぐに結果が見えれば満足できますが、早く成長する種が一番よいものなのか、時々考えてみてください。往々にしてそれは逆なのです。

Day 211

日光を日々の糧とする

・・・

朝、日の出を見るときに、あなたまで届いているこの光は生きていて、1日の問題を解決する助けをしてくれる創造物だと思ってください。しかし、解決してくれるのは今日の問題だけで明日の問題ではありません。明日には再び光の助けを求めなければなりませんが、それもまた1日分だけです。

これらの存在は決して、2日か3日分をまとめて答えてくれることはありません。「1日分以上あげることはできない。明日また来れば、そのときに答えよう」と言うのです。

私たちは毎日食事をしますが、1週間分の食物を胃に貯えておくことはできません。食べられるのは1日分だけで、次の日にはその繰り返しです。光に関しても同じです。光は、私たちが毎日吸収し消化する食物であり、感情や思考や閃《ひらめ》きになるのです。光についても食物に対するのと同じ論理があてはまります。

Day 212

精神状態は、自らが引き寄せた存在によって起こされる

・・・

サイキックの宇宙(＊訳注)には目に見えない創造物たちが住んでいます。人間の快いという感覚や喜び、苦しみ、苦悩などは、ある存在たちによってもたらされるのですが、実はこれらの存在は人間の思考、感情、願望、また活動が引き寄せたものなのです。もしも不安と懊悩《おうのう》に悩まされる人に洞察力があれば、しかめ面した生物たちが自分を刺し、噛みつき、ひっかき、あらゆる形で苦しめにやってくるのが見えるでしょう。秘教の伝統では、これらの存在たちは忌《い》まれるものと呼ばれました。「おや、この女、この男、いいカモだ。ちょっといたずらをしてやれ、どう叫んでもがくのか見てやろう」と言いつつ、これらは人間に寄ってきます。

あなたが不幸に苛《さいな》まれれば、こういうことが起きるのです。そして、もしもあなたが喜びに胸を膨らませていて、かつ洞察力に恵まれていれば、羽根の生えた創造物たちが、光の贈り物を携えてあなたの周りに集まってくるのが見えるでしょう。この創造物たちは、その通った跡に色とりどりに輝く尾をひき、この上なく芳しい香りを漂わせながら舞い歌うのです。

Day 213

振る舞いを正せば力は受け取ることができる

・・・

次のことを試してみてください。少なくとも1週間、常に制御の心と叡智と徳を持ち、寛容に振る舞うのです。このように心がけて数日を過ごせば、それまでよりも良い条件で人生に対峙できる自分に気づくでしょう。

振る舞いが改善されるとすぐに、あなたには新しい力が備わり、それがあなたの神経組織を支え守ってくれるようになります。以前に増して自分の責任を果たし、どのような出来事に対してもより良い対応ができるようになるのです。自分の内側で、ある構造ができて強化されつつあり、あなたをよりしっかり支えます。そのおかげで自分が試練と障害を乗り越えられるようになっていると感じることでしょう。

そしてあなたが動揺したり、疲れていたり、自信を失っていたとしても、その状態は長続きしません。祈り瞑想した後に、この力はあなたの内面で速やかに活動を始め、何もかもがすぐに元通りになるでしょう。

Day 214

各自の成長がすべての進化に貢献する

・・・

あなたの批判の対象になっている人びと、そのうちの1人ひとりに、挙げるべき長所がまるでないとは思ってはいませんよね。芸術の才能、真面目な性格、清潔なところ、仕事熱心なところ、忠実な面など、人間は必ず何かしら役に立ったり、喜ばせたりして、際立つものがあるものです。ですから、1人ひとりについて少なくともひとつの長所に注目し、どうしたらそれを伸ばしてあげられることができるかということも考えてみてください。これはその人にとってもあなたにとっても、とても有益なことです。

個々の成長が全体の成長につながります。あなたが進歩するたび、他の人たちもそれにつれて進歩します。各自の行動が世界全体に影響します。誰かの欠点が気になってしょうがないというなら、それはあなた自身をより良く変え、この人たちに善なる思考を送り出すための良い理由がここにもあるということです。

Day 215

精神と物質は私たちの中で調和させるもの

・・・

1日の間にたまにはひと休みして、自分の中での優先順位について考える時間を持ってください。それは精神でしょうか、物質でしょうか。物質の支配から逃れることはできません。私たちはみな肉体があるから、食べ、飲み、動き、休憩し、眠る必要があり、むやみに体に無理強いしてはなりません。だからといって、体にそれほど時間をかけ注意する必要もないでしょう。

自らを監視してください。そして肉体が自己主張をし、絶えずその欲求を通そうとしているために、神聖な生命、精神の生命が遅れをとっていると感じれば、気を引き締め、その状態が続かないようにしてください。肉体が満足すると同時に、精神の顕現であるこの弾み、ほとばしり、光を感じるようなら喜んでください。いつか勝利をおさめるのは精神なのですから。

Day 216

家族に私たちのスピリチュアルな発達を妨げさせないためには

・・・

あなたの家族や友人に、自分が行くと決めた精神世界の道に賛同しない人がいるかもしれません。この人たちに対してあきらめずに話し、どうしてあなたがこの道を選んだのかを理解してもらえるように努力してください。お説教をする必要も大論説を打つ必要もありません。時々、会話の折か何かの出来事について話しているときに、一言二言触れてみてください。たとえ反論されても、聞こえないふりをされても、あなたが述べた考えは彼らにとって有益な跡を残すことでしょう。

そうしなければ、何が起こるでしょう？　彼らは地上を離れてもなお、あなたをその理想からそらそうとして、彼らの論拠であなたの内側に入り込んでくるでしょう。そして彼らがあなたに疑惑を抱かせることに成功すれば、あなたはこの疑惑は自分の内側から来ているのだと思い込み、降伏することになるでしょう。

Day 217　挨拶は真の交流でなければならない

毎日あなたは何人かの人に会い、挨拶し、挨拶を返されます。挨拶をしあうというのは、お互いに何か良いものを与えているのです。冷やかで打ち解けない態度のまま、機械的な挨拶や握手を無造作にする人は、意味のない有害とさえ言える動作をしていることになります。ですから、これからは挨拶というものは素晴らしく、意義があり、有効な動作であり、こうして大きな愛を与えることで、あなたは人びとを勇気づけ、慰め、元気づけるのだと考えて、心を込めて注意深く行ってください。挨拶というのは力強く、調和し、生命がこもっていて、真の共鳴とならなければいけないのです。

Day 218　「あなたの目が澄んでいれば、あなたの全身も明るい」について

イエスはこう言います。「あなたの目が澄んでいれば、あなたの全身も明るい」と。イエスが「目」と言っているのは、スピリチュアル（＊訳注）な組織のことであり、肉体の目とは別

ものです。この目が私たちを見張っているので、私たちを守ってくれていると固く信じることで思考、感情、無私なる願望を養い、この目を浄化することに務めているのです。

日常生活において良心的で責任感があり誠実な人は、見張られる必要がなく、自分が自由であると感じているため、より良い振る舞いや行動をとります。しかしスピリチュアルの次元では、すべてがもっと難解であり、人は、見張られる必要がなくなるためには、非常に高いレベルまで成長を遂げていかなければなりません。

そうなるまでは、その目による監視が守護なのです。この内面の目を象徴するもののひとつが三角形の真ん中に置かれた神の目です。この監視は、受け入れるだけでは十分とはいえず、探し求めなければならないのです。

Day 219

霊的指導者に何を求めるべきか

・・・

たくさんの人が、何をしてもらえるかを知りもせずに、ただ指導者を欲しがります。簡潔に言うと、真の指導者とは、人間のあらゆる情念に打ち勝つために何千年もの間、刻苦《こっく》した人なのです。この人からは、何かしら明るく澄んでいるものが発せられていて、そばに来てその言葉を聞くことで、生徒はその生命の一片を受け取ります。指導者につくことでより早く成長するのはこうした理由からです。

そうでなければ、指導者は何の役に立つと思いますか。指導者はあなたに富を与えるための面倒をみるわけでも、地位を与えるわけでも、妻か夫を見つけてあげるわけでもありません。指導者が気にかけているのは、天と調和して振動している高次の次元の粒子を分け与えることなのです。

もしもあなたがこの粒子を受け取ることができて、保存、さらには増殖をもさせれば、時が経つにつれて、あなたの思考も感情も、そして健康さえも、すべてが良い方向に向かうようになることでしょう。指導者を持つと、あとは神聖な生き方のために必要な条件を探すだけとなるのです。

Day 220
侮辱を買わない。マホメットとその弟子の逸話

・・・

ある日のこと、預言者マホメットは、弟子の1人と連れ立って町を歩いていました。伝えられた話によると、1人の男が唐突に彼らの前に立ちはだかり、非常に下劣な言葉で弟子を

罵《ののし》ったというのです。弟子は、最初はその怒りを押し殺そうと努めながら静かに聞いていましたが、そのうち我慢できなくなって言い返しはじめました。脅し文句を吐き罵りあった後に2人は互いに離れましたが、そこで弟子は師がそこにもういないのに気づき、探しに行きました。

師が離れたところの道端に座っているのを見つけ、弟子はマホメットに「師よ、なぜ私を置いて行ってしまわれたのですか?」と聞きました。マホメットはそれに答えて「怒り猛《たけ》る2匹の動物の間にいるのは危険なことだ。あの男がお前を罵っても、お前が黙っている間、お前は目に見えぬ存在に取り巻かれ、これらの存在がお前の代わりに反論し守ってくれていた。しかし、お前が争いを買って叫び出したとき、これらの存在はお前から離れ、私もそうしたのだ。この振る舞いによってお前は、われわれには必要ないと示したのだ」と言ったのです。

Day 221

神聖な理想は、内面世界を照らし浄化する

・・・

高い理想と神聖な考えを持ったことによって、内部の大気が照らされ、浄化される必要が

あることに人びとが気づかないうちは、何をしようとも不満を抱くだけでしょう。よくあることですが、たとえ休暇に出かけても、条件が何もかも整っていても、田舎や海辺や山であろうと何かが欠けているように感じられるのです。たとえ仕事場にいなくても満足できないのです。

精神世界との繋がりがないうちは、人は物質的な方法で活力を得ることは不可能です。何をしようと苦しむことでしょう。

もちろん、たとえば労働者の生活が素晴らしいものだとか、社会には是正を必要とするような不公平は存在しないとか、うそぶく必要もありません。それはまた別の問題です。真実は、たとえ物質的に大きな改善がもたらされたとしても、常に同じ不満があり、それどころかもっとひどくなっていくのを感じるでしょう。

その証拠に、いくつもの物質的な問題が解決されて何年にもなりますが、より幸せになったとも、満足したという声も聞かれません。ようするに、欠けているのは明らかに何か別の性質なのです。

Day 222

性的な力は神聖なる理想だけが制御できるもの

・・・

性的な力に抗うことはやめてください。打ち勝つことができないだけでなく、逆にこの力に打ちのめされてしまいます。性的な力を制御する唯一の方法は、強力な味方である協力者を見つけ、そのほうに性的な力を差し向け捧げることです。錬金術的なその智恵で、協力者は性的な力を光、美、健康へと変えることができるのです。

この協力者とは何者でしょうか。それは高い理想、崇高な思考です。あなたはそれとともに生き、慈しみ、養うのです。問題のエネルギーを変換できるのはこの思考であり、あなたではありません。性的な衝動を感じた瞬間にあなたがこの理想に精神を集中させれば、性的エネルギーは脳までのぼりその糧となります。数分後にはあなたは勝利を治め、解き放たれるだけでなく、力を得て、ひらめいた感覚を受けるのです。すべてのエネルギーをこの神聖なる理想へと収束させる習慣を得てください。そうすれば、あなたを打ちのめす代わりに、エネルギーはあなたに仕え、あなたの理想の実現のために働くことでしょう。

Day 223

闇の存在を内側で打ち負かす必要性とは・・・

美徳と同じように弱さは、私たちに住処《すみか》を定めた生きた存在です。私たちが自己を改善していくにしたがい、内部の大気が闇の存在には呼吸しづらいものとなり、私たちから離れざるをえなくなります。私たちが自分の内に招き入れようと努めている澄んだ状態、この光が闇の存在には堪《た》えがたいものであり、やがて逃避していくのです。

しかしひとたび外に出れば、これらの存在は他の人びとに入り込んで新しい住処を求め、そこでこの人びとを通じて私たちに害を及ぼそうとするのです。

「闇の存在が相変らず私たちにつきまとうのなら、追い払う意味があるのでしょうか?」とあなたは疑問に思うことでしょう。闇の存在を完全に追い払うことが可能かといえば、それは無理です。地上にいる限り、困難なことと敵に出会うことは運命づけられているのです。しかし、実際のところ、これらの存在によって起こる問題は、私たちの内部に存在していたときに比べるとささいなものです。そして、内側でこれらの敵を負かしたのだから、外側で負かすのはたやすいことです。

Day 224

人は太陽によって熟される緑の果実

・・・

世界中に新しい哲学が現れつつあります。日の出の哲学です。ある日、すべての人が1日の早い時間に、日の出を見るために外に出ることでしょう。これは視点の移行であり、心理、家族、社会、政治、経済など、どの領域にも変化をもたらすことでしょう。すべての人が天動説的な視点を捨て、太陽中心説的な視点、太陽の視点を受け入れることでしょう。

いつか人間はその輝かしさにおいて、天使と大天使とを凌《しの》ぐだろうと言われています。それなのに、人間はいまだに青い果実で、頑固で強情、頑《かたく》ななのです。しかし、この果実は宇宙的な木に実っていて、太陽はこの果実を目にし、自らの光と熱を送り、熟して神聖な食卓に豊潤な果実としてのぼるようにします。このとき人間は、創造主の頭の中にスピリチュアルな真髄として入ります。その思考は創造主、偉大な太陽の思考です。人間の定めは、いつかは偉大な太陽に吸収されることなのです。

Day 225

精神世界の光と結びつくために、どんな行動も利用せよ

・・・

精神性とは瞑想、祈祷などのスピリチュアル（＊訳注）といわれる訓練だけではありません。実際のところ、そこに神聖な要素が入りさえすれば、日常のどんな活動でもスピリチュアルになるのです。反対に、祈り、瞑想など、「スピリチュアル」と言われるどのような活動でも、そこに崇高な思考、高次の理想がなく躍動していなければ、きわめて俗物的なものになってしまいます。

精神性とは、物質世界を無視して軽視することではなく、常に光とともに、また光のために行動しようとすることです。非常に凡庸な活動であっても、私たちを神聖な世界へと上昇させ、調和させ、結びつける役割を果たすことができるのです。

Day 226

精神によって創造者になる

・・・

創造物である私たちは皆、生きるうえで食物、水、空気、太陽など、創造の要素を受け取

り、物質に供給される恵みすべてを使う必要があります。創造主だけがこの法則から逃れていて、自らの外にあるものを何も必要としていません。

創造主はその第5元素（＊訳注）をそれぞれの創造物に残しました。それは火花であり、精神であり、神と同じ性質のものであり、この精神によってのみ私たち人間は各自が創造者になることができるのです。

これからは次のことを考えてください。外側にすべてを期待するのではなく、あなたの思考と意志によって内面で行動する努力をして、自らを肉体と精神の両面で養うために必要なより多くの要素を獲得できるようにするのです。秘儀の教えは古今を通じて創造の精神の教えであり、この教えを受け入れる者はどのような状況にあっても、常に強く自由でいることでしょう。

Day 227

歌と音楽は、私たちの脳を天なる存在の住処にする

・・・

神秘的な歌は、私たちがその力を意識して宇宙的な秩序と調和したいという望みをもって歌えば、天使を呼び寄せます。天使は「ここは居心地がいいところだね」と言います。

天使はバイオリン、ハープなど、自らの楽器を携えて私たちの脳の高次の領域を占領しはじめ、私たちの声に加わります。すると、その辺にたむろしていた闇の存在たちは、王国からの訪問者がいるのを感じ、ここにはもう自分たちの居場所はないと悟って去っていきます。私の故郷、ブルガリアの町や村に、まだ流しの音楽家や歌い手がいた時代のことを思い出します。通行人が彼らにいくらかのお金を渡していたものですが、時には近くの窓が開き、美しい少女の顔が現れ、微笑みながら小銭を投げていたものでした。これはスピリチュアルな世界のイメージです。私たちは天の王宮の窓の下で歌い、そこに天使が小銭を投げてくれるのです。この小銭とは歓喜であり光です。

Day 228

自然の生命は、創造力を持つ言葉によって結びつく

・・・

朝、日の出を見るとき、そこに意識を集中させてこう言ってください。「太陽が世界に昇るように、私の心と魂と精神にも、愛であり叡智であり真理であるスピリチュアルな太陽(＊訳注)が昇りますように」と。

言葉にすると実現しやすくなります。太陽が自然に昇るのと同じように、あなたにもスピ

リチュアルな太陽が昇るでしょう。上弦の月の期間、夜寝る前にこう言いましょう。「月が満ちるように、私の心も愛で満ち、私の知性が光で満ち、私の意志が力で満ち、私の肉体が健康と生気で満ちるように」と。

春、新芽や花がほころぶときにはこう言いましょう。「自然が輝くように、私の存在すべても輝き花開きますように、人類すべてが永遠の春の中に生きますように」と。自然の生命に敏感で、それらと自分を結びつけ、このような言葉を口にすること、それこそが真の白魔術なのです。創造力のある言葉が世界をつくり、あなた方はこの言葉によって新しい世界を絶えずつくり、こうして神の息子と娘となるのです。

Day 229

人類全体を助けるあるひとつの方法

「世界全体に助けを、人類すべてに光と平和をもたらす」と聞いてもあなたは、そんなことは不可能だ、人間の数は多すぎると思ってしまうでしょう。もちろん、このように一言で問題を切り捨ててしまえば、できることなどひとつもありません。しかし、方法によってはそれが可能になります。

たとえば、人類をただひとつの存在だと想像してみましょう。世界全体があなたのすぐそばにいるひとつの存在だと想像して、あなたはその手をとってたくさんの愛を与えるのです。この瞬間にあなたの魂から小さな粒子が宇宙のあらゆる方向へと放たれ、この存在のためにあなたがしていることは世界の男女すべてに反映され、そうしてこの人たちは徐々に、今までとは別の、より良く、より寛大な考えと望みを抱くようになっていくでしょう。私たちが何百人、何千人となってこれを実践すれば、新しい息吹、神聖な息吹がすべての創造物の中へと通っていき、いつの日かすべてが、すっかり生まれ変わって目覚めることでしょう。

Day 230

霊能力者が男性的原則を発達させなければならない理由

・・・

なぜ、これほどの人が精神異常で苦しんでいるのだと思いますか？　なぜなら彼らは、受容的で影響を受けやすい女性的な面を発達させすぎたのです。そして区別なくどの影響にも身をさらし、しばらくすると、もう自分が分からなくなり、途方に暮れてしまいます。彼らに必要なのは自己分析をして、今まで受けた影響が自分の内側の生命に引き起こした結果を吟味し、役に立つ影響だけをとどめて他は捨て去ることです。言い換えれば、彼らも持ちあわせている男性的原則を発達させるべきなのです。

　感受性がたいへん強い人、霊能力のある人が特に学ばなければならないのは、男性原理も発達させることです。霊能力は受容性があるという点で女性的です。霊媒者次第でその透視能力の媒体として使っている水晶の玉は、自然における女性原理に匹敵するもの、つまり水です。霊媒は目に見えぬ世界の精霊と流れに対して受容的なのです。

　しかし、これらの精霊と流れはすべてが明るく純粋で良い影響を与えるというものではなく、霊能力がある人びとはそれらを区別できるだけでなく、自分の意志を高めて、闇の精霊と流れを押し返すことができるようにならなければなりません。

Day 231

神聖なる考えには精神的な人生の要素すべてを集めなければならない

・・・

　基本元素(*訳注)が互いに繋がったままでいるためには、思考なり、力なり、存在なりがそのまとまりを支える役目をする必要があり、それがなければ、基本元素はばらばらに散らばってしまいます。ですから、ある生物が生きているためには、どこかに体のすべての細胞を集結させておく一点、中心がなくてはなりません。この一点なり中心なりが精神と呼ばれるものです。精神が体を捨て去る瞬間には、もう粒子の間にはどのような凝集力も存在せず、組織は崩壊します。力学、天文学、物理学、化学、生物学、心理学、どの分野においてもこの法則は見られます。

この法則を理解する人は、その生命をただ一点、基盤となるただひとつの考えの上に築く努力をします。この人はお互いに矛盾する要素、さらには争いにいたる要素を頭と心にはもう残さず、ひとつの思考、神聖な考えのみをとどめます。残りはその神聖な思考の周りに集まります。その証拠として、彼の中に眠っていた力が目覚めはじめ、そして手を貸しにやってくるのです。

Day 232

内なる富は、私たちの懐を広くする

・・・

他の人であれ、物であれ、外の世界にすべてを求めることに慣れてしまったため、私たちは常に受け取らなければ気がすまなくなっています。それどころか時には奪う必要さえあります。欲しい物を得られないときには手段を選ばず、不正きわまりない方法を使ってでも得ようとします。すべてを外側に求めるという習慣の困った面がこれです。

すべてを自分自身の中に見つけられると思える人は、自分がとても豊かであることを感じて、この宝を押し込めておけず、他人にも分けたくなります。自分自身の中に豊かさを見つけることを学びましょう。最初はひょっとしたらたいした発見はないかもしれませんが、自分が見つけるものの豊富さと美しさに少しずつ魅惑されるようになるでしょう。そうなれば、他人とそれらを分かちあう以外のことは考えず、常に与えることの必要性を内側に感じるようになり、神へと近づいていくのです。

Day 233

否定的な状態は、人を悪の共謀者にさせる

・・・

人は引き寄せる力と、その力を構成する霊気の要素により、善にも悪にも利用されます。しかし、何人の人がそのことを意識しているでしょうか?

「私は誠実でなかったことなど一度もありません。家庭でも仕事でも清廉潔白です」と言う人もいることでしょう。しかし、自分でそう望まなくても、知らず知らずに犯罪の企てに荷担しているのです。それは嫉妬、憎悪、怒り、復讐の願望といったネガティブな状態を抱き続けることによってです。これらの状態は一種の霊気の素材であり、目に見えない闇の世

界の存在たちが、その呪われた計画を実現させるために使います。人は、他人に起こる不幸の共犯とならないために、どんなに注意を払って生きなければならないかについて、あまりよく理解していないものなのです。

Day 234

私たちの衝動の区別を覚える・・・

あなた方は飽きもせず、低次の本質の声に従います。その声が「この人間を見てみろ、奴はお前を騙《だま》し、損害を与え、誹謗《ひぼう》したじゃないか。お仕置きをしてやらなきゃならない」と言うと、あなたは自分にその権利と正義があると思い込み、いそいそとその声に従おうとします。

しかし、それは間違っています。これからは、あなたはこの衝動がどこから来るのか、そのたびに分析できるようにしてください。往々にして、あなたにささやきかけてくるのは低次の自分だったことに気づくでしょう。

だからといって、すぐに何かをする必要もありません。この洞察力を得るまでには何年もかかるでしょう。実は、これはそんなにたやすいことではありません。それどころかきわめて難しいものです。低次の本質はたくさんの声音と見せかけの姿を使うことができるのですから。

真の秘儀参入者とは、生涯をかけて自分の衝動がその低次の自分から来るものなのか、高次の自分から来るものなのかを見極める訓練をした人です。〝それだけのこと？〟と思いますか？　その通りです。すべてはこの洞察力にかかっているのです。それを得るために努力をしないうちは、人間は弱く小さく不幸なままなのです。

Day 235

世界は享受する術を知る者の手中にある

・・・

空と地は私たちのものです。それは私たちのものであり、私たちはそれを所有しています。しかし、それは内面においてです。なぜ外側で、物質的に私たちに属していなければならないというのでしょう。この美しい海、森、山々、星々をいったいどうしようというのでしょうか？

大富豪がいて、彼が花、木、鳥、泉、噴水のある見事な庭園を所有しているところを想像してみてください。しかし、そのビジネスのために彼は世界をまたいで走りまわらなければならず、飛行機や会社での会議で大半の時を過ごすのです。自分の庭園で散歩する暇など彼にはなく、中を通り抜けることがあっても、彼の頭の中はビジネスのことでいっぱいで、目には何も映っていません。

ここに詩人が1人、毎日庭園にやってきます。お金はありませんが、彼は鳥の歌声、泉の響き、花の色と香りに囲まれて幸せいっぱいで、素晴らしい詩を書くのです。こうしてみると、この庭園はいったい誰のものなのでしょうか？　それは詩人のものです。持ち主はと言えば……、税金を払っているのです！

Day 236

世界のために役立つ調和

・・・

真の力強さとは力によるものではなく、団結、調和を基盤としています。この真理を常に心にとどめておいてください。バラバラにされる恐れはあっても、それらの障害すべてを乗り越えて、あなたが築くべきこの「家族」のことを考えてください。

あなたが誰かと出会うとき、性格、成長の度合い、人種、宗教、社会的地位、職業などの条件はたいした重要性はありません。すべて考慮の外においてください。いずれにしろ、これらはスピリチュアル(＊訳注)な人生では何の価値もありませんから、どんな違いがあってもあなた方は兄弟姉妹であって、地上のすべてに意識を呼び覚ますために祈り、瞑想して歌うという務めを共に行うべく集っているのです。あなたがすべき唯一のことは、この信条を心に持ち、それをさらに強くすることです。このときにこそ、あなたは真に良いことのための力となるのです。

Day 237

手は人と自然との交流に入らせてくれるもの
・・・

手の役割のひとつに、私たちが生物と接触できるようにするという役割があります。誰かに会えば、私たちは挨拶をして握手をします。しかし、手とは人とかかわりを持つため以上のもので、手のおかげで私たちは自然とも接触できるのです。

朝、窓や扉を開けるとき、空に、太陽に、木々に挨拶をする習慣をつけてください。すべての創造物に「おはよう」を言ってください。「それは役に立つことですか？　何のためになるのですか？」と疑問を持つでしょう。それは生命の源に自分を結びつけるという必要不可欠な行動で、1日を始めるのに役に立つのです。あなたの挨拶に応えて、自然全体があなたに心開き、今から始まる1日のためのエネルギーを送ってくれるようになり、あなたに生きているという実感が沸くようになるでしょう。

Day 238

単純な方法でも、その効果に納得すること

・・・

たくさんの問題が、とても簡単な方法で解決できます。これらの方法は概して賢人からもたらされるものです。しかし、それを真面目に受け取る人は稀です。当然ながらこれらの方法は簡単すぎます。人間は複雑な解決法しか信用しませんから。もしも人間をその苦悩から救うために賢人や秘儀参入者が「目を閉じなさい、落ち着いて、呼吸をして、人類すべて、自然全体にあなたの愛を送りなさい、宇宙との調和に入りなさい」と言っても人びとは耳を貸しません。これらの方法を実践して、それが真理であるかどうかを試す代わりに、魔術師を名乗る者に会いに行って、カバラ的なまじないの言葉を与えてくれるように頼むか、護符を作ってくれるようにお願いするか、チベット人やアステカ人などから伝わった秘技をいくつか伝授してくれるように依頼するのです。しかし、これらの護符や秘技はまるで効果がないか、もしくは不幸をもたらすことさえあるのです。

満足できる結果を手に入れ、神聖な豊かさを得るためには、一見して取るに足らないような方法と規則をたいせつにしなければなりません。一見しただけでは取るに足りないと感じるかもしれませんが、実は、人間についての正確な知識に基づいているため、最も有効な方法なのです。

Day 239

目覚めてから、私たちの持つ機能に感謝をすること

・・・

毎朝、目覚めのときに、あなたは自分が恵まれているとすぐに感じることができますか？腕があり足があり、手が、口、耳、目があるのです。ある朝目覚めたら、もう見ることも聞くことも手足1本を動かすこともできなくなっていると想像してみてください。それはありうることです。全く目覚めないということだってありうるのです！

しかし、毎朝あなたはすべての能力そのままで目覚め、そのくせ、そのことについて考えもせず、感謝の心を持っていません。あなたには宝があり、驚異的な可能性があります。なのにお金がいくらか足りないとか、望んでいた成功が得られなかったなどの理由で、常に文句を言い憤《いきどお》り、不幸になっているのです。少し考えて、この忘恩、考えの足りなさについて

推し測ってみてください。

毎日感謝することを学んでください。朝すぐに目覚めて、自分が五体満足ですべての能力を備えたままそこにいて、新しい1日を始めるところだと思えれば感謝することです。そうすればあなたは至福でいられるでしょう。

Day 240

物理的な次元とスピリチュアルな次元

・・・

人が企業に雇われると敏速な結果を出すことが要求されます。それは当然のことで、お金を稼ぐためには急がなければなりません。ですから、これほどたくさんの店が物質的な欲求を満たす製品・物品を売っているのであり、それで客の低次の必要性が満たされます。欲求が満たされるのにかかる時間はほとんどありません。これらの店で客の魂と精神を養うようなものを売っていたら、店は破産してしまうでしょう。スピリチュアル(＊訳注)な次元での結果というのは出すのには非常に時間がかかるものなのですから。

叡智というのは、私たちが肉体的次元では時間を、魂と精神のためには永遠を同時に考慮に入れるように求めるものです。人は生き急いでいて、そのせいで人生に意義と意欲を与えてくれる無限から断たれてしまっているのです。人は求めるものがすぐに見つからなければ、すぐにあきらめ他を探しますが、それではいけません。スピリチュアルな次元で何かを得たければ、極度に忍耐強くなければならないのです。

Day 241

精神世界の真理を他者に説く前に自分で試す

・・・

精神世界の真理を悟ったからといって、他人にもそれを認めるようにすぐに強いてはなりません。真理があなたの中で骨や肉となるまで、あなたと一体になるまで、まずは時間をかけてじっくりとこの真理を試し、いろいろ実践してみてください。すぐに他人の同意を求めようとすれば、あなたはこの真理を失ってしまいます。

発見を分かち合いたいという欲求がどんなに強くても、まずは自分自身のために精神世界の真理をたいせつにとっておいてください。これらの真理とともに生き、自分のものとして、真理があなたを啓蒙して支え、立ち向かうべき試練に打ち勝つ助けとなるようにしてください。そうすれば、真理はもうあなたから離れないだけでなく、あなたが他人に真理を伝えるときには、あなたの揺るぎなさと信頼の強さで、あなたは彼らに真理を認めさせることができるでしょう。

Day 242 性格は、秘儀参入者が何より重視するもの・・・

誰かの価値をはかるために、たいていの人はその社会的地位、財産、学歴、多かれ少なかれ洗練された振る舞いなどを見ただけで、外側の価値次第で責任ある仕事や特権を与えます。こうして往々にして彼らは誤るのですが、その理由は、そこに性格という肝心なものが欠けているからです。

秘儀参入者は、この種の決定をするのに性格しか考慮に入れません。才能、技量、専門的知識、財産にしても何年、いえ、ものによっては数カ月もあれば簡単に手に入るものですが、人が外部から獲得または受け取ることができるものには、秘儀参入者は意に介しません。ところが無私、忠誠、善意、寛大さ、勇気などといった美点を伸ばすには、いくつもの人生での努力と苦労が必要となります。秘儀参入者はこうした美点しか重視しないのです。

Day 243

有用性は存在するものすべてにある・・・

人類未踏で、決してたどり着けない地上のどこかに生えている、人知れぬ花や木がありま
す。誰もその存在を知らないこれらの植物は、何の役に立つのか、どうしてひっそりと無益
にそこに放っておかれているのかと、時々考えられることがあります。

しかし、事実を言えば、花にしても木にしても、自然の中で無視され、見捨てられ、無用
ということはありません。人でなくても目に見えぬ世界の存在たちが、最も秘境にある花の
ところへやってきて、その分泌物を集めているのです。

植物、鉱物、動物の知識を持ち、それらを使っているのは人間だけではありません。私た
ちの目には見えなくても、４大元素の精霊なり、死者の霊なりといった存在はいるのです。
これらの存在は化学者のようにそこから物質を抽出して、自分の滋養とするか、他の創造物
のために運んでいくかしているのです。

Day 244

影響力について

・・・

その程度をはかることは容易ではありませんが、何かが他の何かへ影響を及ぼすという出来事は毎日起こるものです。たとえば、有名な女優が髪型を変えると決めたとします。彼女は、あちこちに自分の真似をしなさいと言いに行く必要はありません。店頭に彼女の写真を貼ったり、テレビ出演をすれば、わずか1日で多くの女性が彼女のような髪型にして、同じ服を着はじめたりするものです。

スピリチュアルな影響というのは、これよりずっと微細なものですが、これもやはり影響力があり、その力は知覚の範囲ではありません。ですから、あなたは自分自身の修練に励み、生けるお手本となって、出会う人すべてに閃《ひらめ》きを与えなければなりません。口を開けなくても、あなたの言いたいことを伝えることはできます。説得力があるのは必ずしも言葉ではないのです。だからこそ、あなたが今から真剣に取り組むべき務めは、生きたお手本となることです。あなたの周りに来る人たち全員が、あなたの善なる影響を受けることでしょう。これもまた兄弟愛なのです。

Day 245　私たちに必要な生きた書物・・・

偉大な聖人に際立っているのは、整った顔立ちなどではありません。顔立ちがどうであろうと、その人の美しさはその人の持つ光の中に、昇り立つものの中にあります。黙っていても、この人の存在すべてがひとりでに話しはじめます。

この人が話しているときには、その存在すべてによって言葉に重みが加わります。この人は最も尊い書、生きた書なのです。

私たちに必要なのは、それこそ生きた書です。他の書物は一度読まれてしまえば棚に戻され、忘れられてしまいますが、生きた書物は忘れられず、絶えず私たちに自分がここに在るということを思い出させてくれるのです。

Day 246　愛が恐れを打ち負かすには・・・

恐怖に対する最も有効な薬は愛です。愛していれば恐怖は消え去ります。知識も薬とはなりえますが愛ほど効果的ではありません。恐怖は本能ですが、知識は本能の領域には属していないからです。さて、本能を打ち負かしたり、制御できるのは、理性でも知識でもなく、別の本能によってです。

制御不可能な衝動であるという意味で、愛もひとつの本能だと言えます。理性によって恐怖が抑えられるということも時にはありますが、その効果は持続せず、確かなものでもありません。ところが、あなたが誰かの心に触れたならば、その人はあなたのために火の中にでも飛び込むことでしょう。ある少女が見知らぬ人が危険にあうのを見たとき、その人を救うことは躊躇《ちゅうちょ》するかもしれませんが、それが彼女の恋人ならば何だってできるのです。私たちが恐怖に打ち勝つには、自分の中の愛を強めるべきなのです。

Day 247

魔法の行為とは天の意思に従うこと

・・・

天の意思を実行するというのは、高い権威に従うことだけでなく、魔法の行為を達成することでもあります。あなたが天のために働く瞬間は、あなたの全存在は天に占領され、捧げられ、他の影響を受ける余地はありません。そうすると、この意思と相容れない他の意思はすべてあなたの存在を利用しようと誘惑しにかかるのですが､それが天によって遮《さえぎ》られます。あなたにはすでにするべきことがあるからです。

自分は天の意思とは何のかかわりもないと言ってはばからない人は、自分が自由だと信じていますがそれは間違いです。この人は無防備に自分の身をさらしているため､目に見える、もしくは見えない創造物または人間、妖精、蛹《さなぎ》などのたくさんの意思が入り込みはじめ、彼らを利用しようとします。天に占領されていない人は、いずれ天以外のものが自分を占領するのだと心得ておいてください。彼らは非常に無秩序で背徳の意思に仕えて終わってしまうのです。あなたはそのほうがいいですか？

Day 248 叡智とは太陽から送られる神聖な金銭

・・・

叡智とは何でしょう。叡智とはお金です。太陽から来るお金なのです。神聖な金銭である叡智は太陽から来ます。地上では物質のお金で望むもの何でも買えるように、あなたはこのお金を持って魂と精神の世界で何でも買うことができます。あなたが高次の領域にあるお店に行くと、「お金をお持ちですか？　はい、どうぞ」と言って、あなたの買い物袋いっぱいに商品を詰めてくれます。
朝、日の出のときにあなたは金粉を集め、それを持って天で何でも買うことができます。それは愛であり、喜びであり、心の膨らみであり、至福です。たくさんの人がいまだに、朝、日の出を見るたいせつさに気づいていません。この人たちの金庫にはお金があるかもしれません。それは素晴らしいことですが、神聖な金銭の価値が分からなければ、いつかは内面で破産してしまうことでしょう。

Day 249

人間を助けるためには欠陥ではなく長所を見ること

・・・

悪より善に意識を集中させれば、あなたがある状態を改善する可能性はより高くなります。ですから、人の欠陥を批判するより、その人の誉《ほ》めるべき部分だけを見て、どのようにしたらそれをさらに良くすることができるか考えてみてください。もしもひとつしか誉めるところがなければ、それをよりどころとしましょう。この人たちの欠点は横に置いておいて、彼らの長所を伸ばす助けをしてあげてください。人の良い面に常に注目し、〝この人の魂にも神が住んでいるのだ。周辺をうろついている獣のことは放っておこう〟と考えてください。

誰でも皆、内に野獣を飼っています。場合によっては、これらの野獣は檻《おり》の中にいるかクロロフォルムで眠らされていますが厳然と存在しているのです。

Day 250 注意力は生徒には必要なもの

「家の主人は、盗賊がいつごろ来るか分かっているのなら、目を覚まして待ち、自分の家に押し入ることを許さないであろう」とイエスは言っています。この聖書の一節は、人間が得ることのできる最大の長所のひとつである警戒心について話しています。私たちは何時に盗人が来るのか知らず（盗人というのは、私たちの内面の何か貴重なものを失う危険のある、あらゆる状況を表しています）、よって私たちは決して注意を怠ってはならないのです。

スピリチュアル(＊訳注)な学校の生徒になりたいという人に指導者が重要視するのは彼らの知性でも善意でも熱意でもなく警戒心だと言います。警戒心があれば、彼らはその道に連《つら》なる危険を避けるでしょう。警戒心に欠けていれば、多くの努力を積んで手にしたものを徐々に失うことになるのです。

Day 251

正義は常に自らの務めを果たすものに与えられる

・・・

あなたたち1人ひとりが、一度は不当な犠牲を蒙《こうむ》ることがあるかもしれません。もしも実際にそのような目にあったら、まずはこう言ってみましょう。「これは一時的なもので長くは続かないだろう」と。この状態を忍耐強く謙虚に愛をもって耐えれば、ある日勝利はやってきます。どんなに良い人でも不当な犠牲を払うことはありえますが、この人たちがどのような障害でも乗り越えて光の道を歩き続ければ、天と地は彼らに、それに値するものを与えようと誓うのです。これは絶対的な法則ですから、心配する必要はまるでありません。

あなたの運命を司る存在が知性があり、善良であるかとか、眠りこけていてあなたのことなど忘れてしまったかなどと不安になる必要はありません。自分がすべきことをしっかりと行っているかどうかだけを心配してください。これらの存在は完璧にその役割を把握しています。その時が来れば、あなたはすべての権利を返上されるだけでなく、百倍にもなって報われることでしょう。

Day 252

それぞれの人が完璧さをもってすべての役に立つこと

・・・

完璧になるという理想を常に掲げていてください。しかし、その願望はあなた個人の成長だけが目的であってはいけません。世界全体に有効であり、利益となるように考えるべきです。これからは、進歩はこの方向に沿っていなければなりません。

これまでのスピリチュアルな教えは、多かれ少なかれ人びとを個人的な救いの道へと導いていました。知力、能力、悟り、得られることのすべては自分自身のためだったのです。ですから、この人たちは、洞窟とか修道院だとか、人里離れたところに隠れて外部の世界の喧噪《けんそう》に邪魔されないようにしていました。しかし、今後はこの哲学は捨て去られなければなりません。新しい哲学が説くのは、私たちは自らを完成させなければならないけれども、決して他人から身を切り離してはいけないということです。全体のために自らを完成させる、これこそが真の完成なのです。

Day 253

人生とは、唯一の真の教師

・・・

人生は解決されるべき問題を私たち1人ひとりに日々もたらします。すべての賢人は、人生こそが唯一の真の師であるという点で一致しています。もちろん、賢人とは刻苦勉励《こっくべんれい》し、苦悩懊悩を経て大きな成長を成し遂げた人で、他者のためにその経験を役立たせ、他人に教える能力があります。しかし、賢人でも人生には及びません。人生は彼らにとってもまた師なのです。

人間は人生を手中におさめていると信じて好きなように振る舞っています。しかし、その反対に人生こそが人に教訓を与えるのであり、それは最高の教訓です。人生は正確に、1人ひとりにどの点について教えを与えるべきかを知っています。肉体的な面であろうが、感情的な面であろうが、知的な面であろうが、ひとつひとつの欠落、弱さが学ぶべき教えです。人生という学校を放棄しようとしても何の役にも立ちません。いずれは連れ戻されてしまうのですから。

Day 254

神聖な愛だけが嫉妬を乗り越えさせてくれる

・・・

嫉妬。それは自分だけのものにしておきたい存在が、自分から離れていくと思うときに男女が感じる感情です。この感情は、常に大きな苦しみの源です。嫉妬に打ち勝つのは容易なことではありません。唯一効果的な方法は、自分の愛を高次の領域まで押しあげる術を学ぶことです。

ある女性がある男性の知性、学識、機知、優しさに好意を寄せているのだとしたら、よりたくさんの人がこの男性を認め、評価し、出会いたいと望むのではないでしょうか？　もしも彼女の愛がこの男性の知的・精神的な長所に向けられているならば、彼女が彼を愛しているのは、何かしら捉え難く手に触れられず、何者も強奪できないはずのものですから、この男性の肉体的な存在には執着しません。男性から女性に対しても同じことが言えます。

あなたは嫉妬から逃れたいですか？　では、あなたの愛を教育し、高次の次元まで上げてください。ある存在に肉体的に執着しているうちは、自分ひとりのものであってほしいと思います。この人を精神的に愛することです。そうすれば、あなたはこの人を周囲に紹介しても、誰もがその長所を評価するようにと願うでしょう。

Day 255

善とは必ず報われるもの・・・

善が報われないということは決してありません。ただ、あなたの行った善が必ずしも同じ形で返ってくるとは限りません。善はまるで違った形、あなたが予想もしていなかった形で返ってくるかもしれないのです。

あなたは、あげたお金が返ってくるのを期待していますか？　残念ですがそれはありえません。しかし、もしかしたら健康や友情や希望、閃《ひらめ》きを受け取るかもしれませんし、もしくは天の父と同じく見返りを期待せずにあげたのだから、自分が真なる神の子だと感じるようになるかもしれません。

正義の法は宇宙の法であり、何者をも誤らせることはありません。人が善を行う意志をくじくのは、この法が間違って理解されているからです。人はつけ込まれることを恐れていますが、恐れていてはいけません。実際に利用されているとしても、何らかの方法でその善い行いのために報われるのです。

Day 256

精神世界にも共通する種蒔きと収穫の法則

・・・

どのようにして地上に人類が生きのび、広がっていくことができたのでしょうか？　それは農業によってです。農業とは地に種を蒔き、苗を植えることです。時が経つとひとつの種は何百もの種を生み、苗は果実のたわわに実る木となります。豊かに生きるためには、少なくとも種を1粒、苗を1本植えることから始めなければなりません。

精神世界で肉体的な世界と同じく、愛、光、喜びといった天からのすべての祝福を受けたければ、ここでも種を蒔き、苗を植える必要があります。もちろん、ここでいう種と苗とは別の性質のもので、思考、感情、行動、言葉、視線、あなたの心と魂にある最も素晴らしいものによって生まれた微笑みのことです。お返しに、あなたはたくさんの花と果実を受け取ることでしょう。

Day 257

人生の真理は科学的真理より貴重なもの

・・・

多くの人、特に知識人にとっては、科学的な真理が唯一の真理です。実を言うと、科学的な真理よりさらに重要なものに人生の真理があります。人生の真理とは、すべての存在を宇宙体系の中に据えて、どのように調和して振動し、どのように生命活動に参加するのかを学ぶことです。

ですから、自然界にある基本元素(＊訳注)すべてを正確に観察し研究するだけでは十分ではなく、さらに遠くへと進んでいかなければなりません。元素と元素の間に存在する絆を見ることで、元素を持たない生命がどのように生命を巡回するのかを理解することができます。

真の知識とは人生の中にあります。元素を切り離してしまえば人生はもうありません。ある鉱物もしくは植物に特定の特性があり、匂いがあり、色づくと知っても、それが肝心なことではないのです。それらを個別に見ていれば、生命から切り離してしまいます。

これらの元素を地と空の他のすべての元素に結びつけてみれば、生命はあらわれ、真の知識はあなたのものとなるのです。

Day 258

肉体は満足しやすいが重視すべきは魂と精神の望み

・・・

人は不満を感じると、それに肉体での答えを求めがちです。それはまるで不満の原因が肉体にあるかのようです。こうして人は肉体に食物と飲み物を与え、タバコを吸わせ、気晴らしをさせ、散歩をさせ、考えられる限りの快楽を与えますが、それで満腹となった体は飽和状態になり窒息し、悲鳴をあげるのです。「もう死にそうだからやめてくれ、私にこんなふうに詰め込んだって、あんたの気分は良くならないよ」と。

しかし、人は自分の体の言葉が理解できず、自分が探しているものを今回は見つけることができなくても、次回は見つけることができるだろうと考え固執します。不幸にして、次も同じことで虚無のままです。それでも人は同じことを続けるのです。

実際、肉体を満足させるためにたいしたものはいりません。私たちへの要求は魂と精神から来ているのであり、「純粋さ、光、空間が必要だ。太陽を眺める必要がある。天とひとつになってその王国が築かれ、ある日人間の間に平穏が君臨するように」と祈り、願うのです。

これこそ私たちが自分の中で見極めねばならない声であり、その願いによく耳を澄ませ、満足させる必要があるのです。

Day 259

解放は、天の奉仕に就いた者からやってくる

・・・

努力をしているにもかかわらず、いまだにネガティブな感情の奴隷であることに、あなたは時々不満を感じていますね。しかし、それはたいしたことではなく当たり前のことです。人はそれぞれが直さなければならないことをたくさん抱えているものです。肝心なのは、毎日祈り、自分の意志を鍛錬し、目に見えない世界の友にメッセージを送って自分の解放に努めることです。

今のところ、あなたは牢獄にいます。しかし、たいへん力のある存在との接触を欠かさなければ、好機が訪れて内面の敵すべてにこう言えるようになります。

「出て行け、私は天に仕える者である。お前たちの場所は私の中ではない。ここは神の王国であり、お前たちはもう1時間たりともいることはできないのだ」と。そうすれば、もちろん敵は歯を見せ爪を出して、「何だと？　お前は小さく情けない奴だ、お前はいつだってわれわれのものだった、われわれこそがお前の主人だ」と言うことでしょう。

するとあなたは、「そうだよ、物語の最初のページではそうだった。でもあれ以来、お前たちは知らなかったが、新しい別のページが書かれたんだよ。今や神が私の羊飼いであり、

天は私とともにある。すべてが変ったんだ。さあ、出て行け！」と答えてください。敵は口を開け炎を吐くでしょうが、天の力があなたを守って敵を撃退してくれます。

Day 260
精神世界への案内役を甘く見てはならない

・・・

多くの人が精神世界の指導者になるのは容易なことだと思っています。そして彼らは、自分自身が光を手にする前に他人の指導に手を出すのです。少しでも自分を研究し、分析できたら、何かしらに押しとどめられることでしょうが、そうではありません。何冊かの本を読んだ後、たとえばインド、チベットの偉大な大師に感化され、彼らはこれらの師のように振る舞おうとします。

もちろん、それ自体は別に咎《とが》められることではありませんが、人間を光の道に導くほど難しいことはなく慎重でなければなりません。さもなければ、自分では直そうとも思わなかった欠点や欠落が、彼らのやることすべてに反映されるようになるでしょう。

このように往々にして、崇高な高みへと誘う、険しく狭い道を生徒が這《はい》いあがろうとしているのに、それを助けるどころか、落とし穴だらけの道へと迷わせ、それだけでなく、彼ら自身が自らの手によって、断崖へと引っ張っていかれるのです。

Day 261 音、色彩、香り、感情、思考も滋養となる

・・・

「滋養をとる」と一言で言っても、これは漠然とした大きな問題です。というのも、滋養とは私たちが毎食とる食物と飲み物だけではないからです。滋養とは音であり、香りであり、色彩であり、そして感情と思考でもあります。

このようにして滋養をとることがより難しいことは明らかですが、滋養をとることは可能です。場合によってはあなたにもできることですし、時には気づかないうちにやっていることもあります。何かに没頭していて1日中お腹がすかなかったとか、愛に満たされていて、それだけでもう滋養を得ている気分だったとか、皆さんにも経験があることでしょう。

スピリチュアル(*訳注)な愛の感情すべて、叡智の思考すべてが食べ物です。これらの食べ物は作り変えられ、あなたの肉体をも養います。これらの滋養を意識してとるように努力しましょう。

Day 262

微笑みは精神的状態を表してくれるもの

・・・

それぞれの感情は、微笑で表されます。失望、あきらめ、報復の願望または反対に希望、自己啓発への決意、自己犠牲……。それらすべてに微笑がともなっています。しかし、それぞれの微笑みがいかに異なっているのか見てください。皮肉な微笑みはどこか嫌味です。叡智の微笑は微妙極まりなく、非常に微細ですが奥が深いものです。愚かさの微笑については何も言うことはありません。

倒錯的な人もまた、その微笑みによって分かります。たとえ立派な風采でも、額が秀でていても、顔立ちが繊細で整っていても、その微笑は唇の隅に現れる何かしら歪んだものであり、彼らの精神的な失墜を見せています。このような人たちに出会ったことがありますが、その微笑みを見て、私は彼らの真の性質を見抜きました。このようなわけで、誰かがどう微笑むかを見ない限りは、その人についてはっきりと分からないということを、私は知っています。

Day 263

若者の振る舞いに対する大人の責任とは

・・・

今の時代の若者たちが、どれだけ自分たちがどっぷり浸かった文化、観る映画、目にする本や新聞、耳にする会話や演説、そして特に音楽の犠牲になっていることでしょうか。注意しすぎるということは決してありません。若者たちは、自らの責任についてまるで自覚のない作家や思想家や映画製作者や音楽家やらの愚かで危険な理論がしみ込み、それによって養成され、形成されています。

制作側は大人ですが、言葉、文字、音、映像、画像がどれほど強力で、どれほど視聴者、特に最も脆《もろ》い若者を混乱させ、精神を不安定にさせるのかをしっかり考えたことがないのです。今の若者が反抗したり、ありとあらゆるものに対して過度であり、健康と精神的安定に害を及ぼす行為などやりたい放題なのは大人の過ちです。若者を教育し、導くための最良の方法について考える代わりに、大人は若者に対して自分たちの信じる珍説を吐いているのです。そして次には若者の振る舞いに驚く……。

驚くことは何もありません。大人が誠実ならば、することはひとつだけです。それはまるで鏡を見るように、若者に自分自身を見てこう言うことです。「この子たちがこうあるのは、私たちのせいなのだ」と。こう言って、そして教訓を受け入れ、自分の身を正すことです。

Day 264 才能とは創造主から受け取ったもの・・・

あなたは創造主によって多くの能力と長所をもらっています。しかし、創造主のために役立たせることだということを知らないため、それを発達させる最良の方法についての知識がありません。

天賦の才能全般については、いつかは結果報告を求められます。福音書の中の寓話、下僕《げぼく》の話を知っていますね。主人は旅に出る前に、下僕たちにお金を預けました。最初の下僕には5タラント、2番目には2タラント、3番目には1タラントです。旅から戻り、主人は彼らに会計報告を求めました。5タラントを受け取っていた者と2タラントを受け取っていた者はお金を増やす努力をしていましたが、1タラントもらっていた者は土中に埋めて満足して終わっていました。寓話によれば、主人は最初の2人には褒美を与えましたが、1タラントの者は牢に閉じ込めさせたそうです。

これは私たちに与えられた長所、天賦の才、美徳について説明しています。天は私たちにある日、これらをどうしたかと聞くことでしょう。もしも地中に埋めていたら、つまりあなたの才能を発展させることを怠っていたら、私たちは牢屋に閉じ込められる、つまり一時的に自分の成長が制限されてしまうでしょう。もしもそれを増やしていたら、褒美を与えられるだけでなく、さらに貴重な他の能力も授かることになるでしょう。

Day 265

ささいな仕草も会う人すべてのためにある

・・・

あなたと異なるタイプの人だからといって、その人たちに対して誤った扱いをして、無視をする権利はあなたにはありません。彼らを理解しようと努めるほうが賢明です。この方法で、あなたは自分を多くの危険から守ってくれることになる良い習慣を確立できるのです。あなたは、自分が重要な人物だと思っている人びとに出会います。彼らはたかが蟻などのために努力することはないと考えています。しかし、いつの日か彼らは自分たちを発見することでしょう。

おとぎ話の中で、大量の小麦、大麦、米といった穀物を数時間で選別しなければならないという話があります。そこで彼らは蟻たちが助けにきてくれて、とても喜ぶのです。さもなければ、彼らは捕まり、手足はきつく縛られてしまいます。

そんなものは単なる子どものおとぎ話だろうと言うでしょうが、蟻やねずみはあなた方が見下す人たちなのです。彼らに対して、もう少し尊敬の態度を示してください。なぜなら、彼らはそれに値しますし、いつの日かあなたを助けにやってくるからです。

Day 266

私たちの元素は内なる太陽の周りで公転する

・・・

機会のあるたびに、次の訓練をするようにしてください。目を閉じて集中し、あなた自身の中にある神聖な中心に近づくようにします。思考、感情、願いが調和して振動し、徐々にこの中心へとやってきて、その周りに引きつけられることでしょう。

あなたは精神的な人生を制御できずに苦しんでいて、自分が秩序だった世界のようであったらどれほどよいかと思っていることでしょう。それなら、あちこちへと飛んでいってしまうちぐはぐな元素を呼び寄せ、太陽の周りを回っている惑星のように、あなたの内面の太陽の周りを回るように訓練しましょう。その瞬間にこそ、秩序、均整、調和、神の王国が存在しているのです。ひとつの中心、ひとつの太陽、ひとつの核があるため、他のすべての元素がそれぞれの居場所とたどるべき軌道を見つけ、お互いに衝突せずに共存しているのです。

Day 267

「豚の前に、真珠を投げてはいけません」と「真理を知る」について・・・

イエスはこう言いました。「豚の前に、真珠を投げてはいけません。それを足で踏みにじり、向き直ってあなたがたを引き裂くでしょうから」(新約聖書 マタイの福音書7-7)と。ようするにあなた方が、受け取る用意のできていない人に神聖な真理を諭すのは不注意だということです。彼らはそれをどうしたらよいか分からず、理解できないため、けっきょく犠牲となるのはあなた方なのです。

しかし、時間をかけて準備をした者にとっては、神聖な真理の知識は最良のもののひとつです。イエスは「あなたがたは真理を知り、真理はあなたがたを自由にします」と言っています。自由より他に重要なことなどあるでしょうか? そして、真理こそが人を自由にするのです。愛が熱を起こす特性を持ち、叡智が光を与えてくれる特性を持つように、真理は自由を与えてくれる特性を持っているのです。それぞれの長所、美点が固有の特性を持ちますが、真理は意志と力との関係があるがために、自由にするという特性があるのです。

Day 268

眠ることは生物学上の役割だけではない

・・・

大勢の人にとって、睡眠はいまだに生理的な役割としてしか考慮されていません。彼らは疲れているから眠るのです。空腹だから食べる人といっしょで、睡眠は滋養、その他すべての生理的な役割と同じように、肉体的な次元よりずっと高次の次元で行われているということを意識していません。

眠りに落ちるその瞬間に、次のように言う習慣をつければ、そのことが分かるでしょう。

「天よ、眠っている間に、私は教えを受けたいと思います。あなたの愛と叡智と真理の学校に私を受け入れ、より豊かな意義を自分自身に与えられるよう、学ばせてください」

次の日の起床は、意識して目を開け、数分間、やってくるあなたの内部の状態と思考と感情を分析することから始めてください。問題には解決が与えられ、頭を占める疑問ははっきりしてきたことを発見するでしょう。この内省がすむまでは起きてはいけません。

Day 269

父親が外国へ旅立つことのスピリチュアルな次元での解釈

自国で仕事が見つからないために、何人もの家庭の父親が外国に働きに出ています。そこに彼らは何カ月も、場合によっては何年も過ごし、そして帰ってくるときは妻と子どもたちの生活を支えられたことに満足しています。しかし、まずは家族から離れなければなりませんでした。

ある意味では、スピリチュアル(＊訳注)な人にも同じ現象が起こります。彼らは瞑想し、祈り、天と自分を結びつけます。ただ、それが何カ月、何年も続くわけではなく、その精神は肉体から少しの瞬間しか離れていないという違いはありますが、この人も外国に旅立つのと同じです。肉体と結びつけられすぎていては、精神はたいしたことはできません。ですから、お金を稼ぎに旅立つ、これは光を集めに行くことの象徴です。戻るときには、精神は肉体と肉体に住む人たちにこの光を持ち帰ります。これは照らし、生気を与え、浄化し、再生させる光です。

Day 270

美は見るためだけのもの・・・

人に及ぼす美の魅惑は強く、人は美に近づき、触れ、手に取り、所有しようという欲望を常に持つものです。しかし、美は本質的に物質界には属しません。ですから所有することは不可能で、軽く触れようとしただけでも逃げてしまいます。美は目のためだけの世界で、口のためにも、手のためにもありません。美は見られることは好みますが触られることは拒みます。ですから、美しい生きものに出会ったならば、いつも非常に注意深くなければなりません。

正しい態度をとれない人は、美しい生きものを住処《すみか》としていても、その美の源となっている天にいる存在を追い出してしまう可能性があります。天の存在が遠ざかれば、この人は苦悩に陥《おちい》ることでしょう。無形であるこの要素は、この人の人生をも美しくしていたのですから。

私たちの喜びや閃《ひらめ》きは、私たちが美をどのように敬うかによって変わります。毎日、美をよく鑑賞するようになることで、私たちは真の人生を味わっているのです。

Day 271

頂きとは決して降りてはこないもの

・・・

指導者にとって生徒とは、往々にして、散歩をしていて山の麓に立っても登頂を試みようとはしない人たちです。山はそこにあってそれは素晴らしいことだと彼らは満足げに山をしげしげと眺めますが、山は厳然として山であり、彼らは厳然として下にいます。時おり、彼らは頂上へと視線を投げ、少し自分たちのほうへと降りてきてくれればと考えますが、頂上は天高く聳《そび》え立ったままです。

この「頂上」というたとえには、指導者だけでなく、それぞれの領域において高次の視点を持つ存在すべてが含まれています。彼らは決して、その達した高みから降りてはきませんが、人びとを自分のもとへ引き寄せようとします。人びとが登りたがらないなら、残念ながらそのままにしておくしかありません。残酷だと思われるかもしれませんが、実はそうでもないのです。降りてはこなくても、これらの偉大な存在たちは、その兄弟である人びとのほうへと、その思考や愛などを投げかけ続けているのですから。

Day 272

生命の法則「誕生したものはいずれ絶える」

・・・

あらゆる創造物が同じように誕生し、成長し、老い、そして他者に道を譲るという順路をたどります。それは国家も、政府も、人も同じです。彼らはやるべきことをし、そして死にいたります。まるで休息をとって、いつの日か目が覚めて新たな力を得るかのように。

私たちはこれまでに、あらゆる文明や宗教の運命を見てきました。新たな教えが今、世界で見られています。それは急速に広がり、徐々に浸透し、高い支持を得て確立され、そして骨化し、生命の偉大な鍵を失っていきます。

未解明な謎や、あれほど知識や力のあった古代エジプトの神殿でさえ、同じ運命をたどっていて、いったい今、何が残っていることでしょうか？　古代ギリシャの秘儀はどこにいってしまったのでしょうか？　知識はどこにあるのでしょうか？　すべては誕生したものは死にゆき、他に道を譲らねばならないという、揺ぎない生命の法則なのです。はじまりのないものだけが、終わりもないのです。あらゆる宗教、哲学、科学が何らかの形を形成しますが、どの形も持ちこたえられず一定期間の後、横に退き他に道を譲るのです。しかし、原理原則である聖霊だけは、永遠で、新しい形に具体化し続けるのです。

Day 273

天球の調和は創造の歌

・・・

山、木々、海、地球全体、そしてまた太陽と星々、創造物はすべてが音楽です。

詩人、そしてピタゴラスやプラトンといった哲学者が「天球調和」と呼んだ宇宙すべての交響曲は、命あるものすべてが音を出していますが、ここで言う音とは、私たちが一般的に理解している「音」とは異なります。天球の調和とは、創造物が自らをあらわすのに使っているあらゆる言語の統合です。

自然界では、私たちの感覚器官の感じ方はそれぞれ異なるので、音だけでなく色彩、動き、香り、形も区別しています。しかし、肉体的な五感を超えて、私たちはすべての知覚を総動員することのできる他の器官を備えていて、たぐいまれな瞬間には、創造物を同時に音、色彩、形、動き、香りとして把握することが可能です。この天球の調和は、感受性だけに影響するのではありません。それはまた進むべき方向を記した叡智の言葉であり、一度でもこの言葉を聞く恩恵を受けた人の魂の中には神聖な刻印が彫られるのです。

Day 274

大宇宙の知性によって私たちに刻まれているプログラム

・・・

レモンなりリンゴなりメロンなりの種を地に蒔いて、「あなたのプログラムを言うからよく聞きなさい。あなたはレモンの木、リンゴの木、もしくはメロンの苗にならなければならない」などと命じはしません。種にはすでにプログラムが組まれていて、植えさえすればプログラムを実行し、自然が決めた通りのものになります。種は地に着床し、日を追って育ちます。ひとつの過程が終われば次の過程へと進み、種は1年後、または百年後に何をしなければいけないなどは考えません。

なぜ木の話をするのだと思いますか。私が言いたいのは、人もまた種子であり、大宇宙の知性に記録されたプログラムを持っているということです。もしも人がまだ自分のプログラムを知らないのだとすれば、それは自分自身でいろいろつくりあげてしまっているからであり、そのせいで視界が曇り、道から外れてしまっているのです。人はその魂深くに刻まれた計画を見つけられるようになるため、内面が自由で余裕を持ち続ける努力が必要なのです。

Day 275 秘儀参入者は知識と力を他人への反撃に使ってはならない

・・・

たとえ不正に攻撃されたとしても、秘儀参入者は他人に対して、決してその力を使ってはなりません。この力は、自分が弾劾《だんがい》と攻撃に打たれ強くなり、そして屈服することなく、投げられる石を貴石に変えられるよう使われるべきものです。

知識と力を備えつつ、それを自分の利得のために使用することを拒む、それこそが秘儀参入者の真の偉大さです。これを得るにいたったのは天のおかげですが、天は同時に監視もしています。この知識と力は、自分の、もしくは他人の霊的な進歩のためだけに使う権利があり、自分が幅を効かせるためにも、侮辱に対抗するためにも、復讐するためにも使ってはなりません。これこそがイエスが与えてくれた例ではありませんか。

Day 276 知性と善良さをもって行動できる人だけに革命の正当性が認められる

・・・

言葉であっても行動であっても、暴力に訴える人は何より先に自分自身に対して暴力をふるっています。この人は崩壊への扉を開き、少しずつ混沌とした力の犠牲となり、こうしてこの力は精神的な面においても、肉体的な面においても、この人の存在を丸々荒廃させはじめます。健康でさえ、宇宙的な秩序に服従します。この秩序とは節度とバランスです。

人によってはこう考えるかもしれません。「暴力に訴えないで、いったい何ができるというのですか。社会はこんなにも不正だらけだというのに、どうして革命を起こさないでいられるでしょうか」と。確かに、社会に不正は散見します。しかし、壮大な革命が最良の変化をもたらすとは限りません。しばらくたつと、以前とたいして変わったわけではなかったということが分かるのです。強いて違うことと言えば、そこにいた支配者の顔が、別の顔になったくらいです。言われる言葉も、スローガンも、歌われる歌も少しは変わったかもしれませんが、相変わらず同じ悪徳、腐敗、不正がそこにあるのです。

革命を始めることは禁止されてはいませんし、それを起こすことが悪いとも限りません。しかし、それは自分がその知性と善良さにおいて、真に優れていると示すことができる場合のみであり、暴力によってではないのです。

Day 277

教育者と両親への助言

・・・

学年末に疲労を訴えない教育者、小学校の先生、教諭は稀です。子どもの世話をするのがたいへんだというわけではありません。しかし、この職業を日々の糧を稼ぐためのものとしか考えていなければ、その欠点ばかりが気になることでしょう。確かに子どもは往々にして扱いづらいものですが、教育者の道を選んだ以上、注意深く子どもを見守り、愛し、その未来について考える義務があります。子どもは自分に注がれる目に敏感ですから、少したてば態度が変わるようになります。

このことは教育者だけに言えるのではなく、親にとっても同じことです。あなたが教育者であれ親の立場であれ、子どもが打ちひしがれることなく激昂せず感情的にならない正しい態度というものが常にあります。

見方を変えて、子どものことではなく自分のことだと考えてみてください。もう少し落ち着いて忍耐深く、注意深く、より多くの愛を持つようになれば、多くのエネルギーを温存できるでしょう。

Day 278 粘り強さは成功の条件・・・

真の成功への条件とは、激しく華々しい瞬間的な努力にあるのではなく、日常の小さな努力の積み重ねにあります。「点滴石を穿《うが》つ」。水はこんなにも穏やかで、石はこんなにも固いのに！

成功の秘訣は持続、根気にあります。1日たりとも努力を欠かさないでください。もしも努力をやめてしまえば、それまで得たものさえ失う可能性があります。というのも物質の抵抗の力というのは強く、常に元に戻ろうとする慣性があります。あなたの精神は物質としての体である肉体に宿っています。肉体の振動数を高めるため、たゆまぬ努力をして、あなたの精神が棲《す》むべき高さにとどめるよう努力してください。

Day 279 魔法の絶対的な影響・・・

一見どんなに無意味に見える活動、動作、感情、思考、言葉でも、必然的に良いか悪いかいずれかの結果を生みます。それゆえ、魔法は第1の科学だと言えます。ひとつの動き、ひとつの影響、ひとつの刻印、ひとつの振動、それだけでもう魔法の領域にあるのです。ある生物が他の生物、もしくは物体に働きかけるたびに、ひとつの魔法の行為を果たしています。

ところが人は、見て、話して、考えて、欲求なり感情なりを抱いて動作をしているのに、自分がこうして引き起こしている力がすべて魔法の力なのだということに気づいていません。往々にして、人は無知ゆえにネガティブな力を作動させ、それが反対に彼ら自身に降りかかり、つかまれ噛まれても、自分に何が起こっているかが分かっていないのです。

ですから、それぞれの人が自分の思考、感情、言葉、動作、視線に磨きをかけることを学び、肉体的であれ心理的であれ、自分の行動によって引き起こされた力が善なる結果だけを生むようにすることが重要です。それは自分にとって、また世界にいる創造物すべてにとっての善ということです。

Day 280 幸福とは、私たちの思っているようなものではない

天はあなたの成長に必要なものをすべて与えてくれていますが、通常それは思っていたよ

うな形では現れません。あなた方はそれが見えないだけでなく、不平を漏らしたりもします。神は成功や栄光を通して幸福を与えてくれるものと思っていたのに、成功も栄光もやってこないので、あなたは不幸なのです。実を言うと、これこそ知性がなく、敏感さも備えていないという証拠です。自分に起こることをすべて考慮したうえで、目に見えない世界があなたに解決すべき困難や問題を前に据えたのは、あなたに何を期待しているからなのか考えてみてください。今後はよく考え、あなたが障害や失敗だと思っていたもののすべてを別の視点から見ることを学んでください。常に何らかの発見があることが分かるでしょう。

幸福はあっても、あなたにはそれを見る目がいまだにないのかもしれません。幸福はあなたが抱いている考えどおりのものであってほしいですか? 残念ながらそれは不可能です。それでも失望することはありません。あなたは1人ではなく、目に見えない世界の多数の存在があなたを思い、教えを与え、手を貸してやまないのです。

Day 281

高揚とは、人から与えられる知識よりも重要なもの

・・・

もしも、あなたに生きることの味わいと善い行いをする喜びを教えてくれるような人と出

会うことがあるならば、この人と話をしたり、もしくはこの人がただ話しているのを聞いただけで、勇気と希望が湧きあがってくることでしょう。このことは、どのような知的な知識を得たよりも遥かに貴重なのだということを肝に命じておいてください。知的な知識は往々にして、あなたから潤いを奪い去り疲労させるものなのです。

日々、あなたに活気を与え行動への欲求を起こさせ、自分がしていることを好きだと思わせてくれるような人びとの傍で生きるのは、百科事典のように物知りであっても、あなたに熱意や高揚を呼び覚ますことを知らない人たちとともにいるよりもずっとよいことです。

「それでも人生には知っておくべき知識がある」と言う人もいるでしょう。もちろんその通りです。しかし、あなたが幸せで、愛と喜びと高揚に満ちあふれているならば、これらの知識を会得することも簡単でしょう。

Day 282

指導者が地上を離れた後は、弟子たちの中に生きる

・・・

ある指導者が、その地上を離れる瞬間、まだ自分の仕事を終えてはいないと思うならば、自分とその仕事を始めた弟子たちを通じて続けることができます。スピリチュアル（＊訳注）な存在と

同じで、指導者はその活動をするにあたり、何らかの物体に具現化する必要はなく、弟子たちの魂の中に入り込むのです。肉体的には、指導者はもうそこにはいませんが、相変らず存在していて彼の仕事を続けています。どうして再び肉体を持つ必要があるでしょう? 母親の胎内で9カ月を過ごし、生まれ、育ち、それから霊的で神聖な力を持つまで自己形成をするなど時間がかかりすぎます。

そういうわけで、指導者というのは往々にして、自分の仕事を続行する意志があり、その力がある人の中で生きることを選びます。また指導者は1人で生きているわけではありません、というのは、指導者その人自身も他の指導者や天使、大天使に繋がっているのです。ですから弟子たちは、指導者のおかげで多くの者がそこにいて自分を豊かにしてくれると感じますが、このさまざまな存在が弟子たちを啓蒙し、支え、精神世界の素晴らしさの数々を教えてくれるのです。

Day 283

賢人はどのようにして神の王国の到来に努めるのか

・・・

今日は神聖な学校のベンチに座ってみましょう。教科書とノートを出して勉強を始めてください。〝でも他の人がいて邪魔だ〟と思いますか？　そうですね、それでもその人たちに我慢をして、少しの間忘れてみましょう。あなた方は、皆いつかは試験を受けなければならず、そこではあなた方が学んだこと、覚えたこと、そして特に実践したことが問われるのです。試験官は私ではなく人生です。そして人生とは情け容赦ないもので、誰それに邪魔されたとか、展望明るい計画の実現を妨げられたなどと言いわけをしても丸め込むことはできません。

賢人は、他人に見つける欠点と弱点に対して文句は言いません。批判もせず立ち向かいもせず、その代わりに許容し、そうすることで自分自身の中にこれらの欠点をつくり変える努力をするのです。というのも、この変換からエネルギーが生まれ、賢人はそれを光という形で送り出すことができるからです。このようにして賢人は神の王国の到来のために務めるのです。

Day 284　精神的な次元での滋養とは・・・

果物を食べるとしましょう。この果物は、いったん消化され、吸収されれば、あなたの体全体の順調な働きに貢献します。私たちの体の各組織に生き続けるために必要なものをもたらすことができるこの「知性」とは、いったい何なのでしょうか？　この食物のおかげであなたは見たり、聞いたり、呼吸したり、味わったり、触ったり、話したり、歌い、歩き続けることができるのです。さらにはあなたの髪、爪、歯、肌など全身でその恩恵を受けるのです。この知性を前にして感嘆せずにはいられません。今日から、もっとこの知性について考えてください。この知性を見つけ出し、感謝の念を示すようにしてください。

　食べ物でたいせつなのは、食品の素材ではありません。肝心なのは、食品の持つエネルギー、そこに秘められている第5元素（＊訳注）です。それこそが生命なのです。食品の素材は媒介物でしかありません。この素材を通して私たちは第5元素へと達し、私たちの微細なエネルギー体（サトル・ボディ）にも滋養を与えなくてはなりません。私たちが食べるのは肉体に滋養を与えるためだけだという考えは間違いです。私たちは食べることで心、知性、魂、精神をも養うのです。

Day 285

右手と左手の男性的原則と女性的原則

・・・

日常生活において右手と左手の象徴するもの（右は善、左は悪を表しています）が配慮されているとしても、文化や文明はすべて両手のなせる技であるのだということを忘れないでください。

創造のために両手は一緒に働く必要があります。右手と左手は、お互いが統一された2つの面のひとつでしかなく、一致しあい、調和しあい、補いあうのです。片方の手をもう片方と切り離して考えることはできません。手には極性があるのですから。右手は男性の極を、そして左手は女性の極を担っています。

ですから、手は往々にして、私たちに影響を及ぼしている太陽（右手）と月（左手）に関連づけられています。2つの手を通して男性の原理と女性の原理が性質の異なる流れを放ち、2つの原理は癒し、支え、救い、直し、照らすために共に存在しているのです。

Day 286

体調不良は、天にいる存在に結びつくことで乗り越えられる

・・・

なぜ力や存在があなたの内に侵入してきて、内なる庭を荒らし、富を盗み、明かりを消してしまうような感覚を受けることがあるのでしょうか？　それはあなたが天へと結びつくことができていないからなのです。

〝いったい何が起こっているのだろうか。気分が悪いし、不安だ〟と思い、この状態から抜け出そうとして、あなたは気分転換を試み、薬局や病院へ行きます。しかし、気分転換も薬剤師も医者も、何ら効果を上げることができません。

あなたを襲ってくるかもしれない闇の邪悪な存在から逃れるためには、天にいる存在と交流する努力をして、彼らに心と知性と魂と精神を開き、彼らの光と祝福が降りてきてあなたを浄化し、滋養を与えてくれること以外に手段はありません。低次の創造物は天の領域から来る力強い流れには逆らえず、押し返されてしまいます。

Day 287

輪廻に対する解釈とは・・・

輪廻転生が現実であることを認める人がどんどん多くなるのは喜ばしいことなのですが、それは人びとがそれをもとに自己の進化を遂げている場合での話です。通常、どういうことが起こっているでしょうか。何よりたいせつなのは、今存在する自分で、未来の人生の準備のために今生きているのです。それなのに、そんなことも知らずに多くの人が想像で小説のような前世をつくりあげ、占い師のもとに駆けつけて、前世が何者だったかみてもらうとします。そして占い師は往々にして、お客が喜ぶような話をするのです。

実は、人の過去世を知ることは難しいことではありません。もちろん、詳しいことまでは無理ですが、今日、その人たちがどうであるか、彼らの長所と欠点、能力と欠落をもとに、以前何だったかを知ることはできます。今の転生の身は、偶然に降りかかってきたものではないのです。原因と結果の法則は、創造という力によってあちらこちらで作用していて、人間の現在の形をつくるためにも働いたのです。ですから、私たちは現在をたいせつにして、自らの未来に備えるようにすべきなのです。

Day 288

現実に対する態度とは・・・

感謝が足りないと、多くの病気や多くの悪いことを多く引き起こします。その反対に、簡単な感謝の姿勢がもたらす良い面のなんと多いことでしょうか。その理由は、感謝とはそのときに感じる単純な感情を遥かに超えたものだからです。

恩知らずな人びとにはかまわず、感謝することだけに務めましょう。あなたが創造主や人生や自然、どんなに取るに足らないようなものでも、すべての生きものに対する感謝の念に動かされれば、すぐにこの感情は受動的に存在するだけでなく作用が始まります。類似の法則により、この感情はその振動で自分と同じ性質の印象と感覚を引きつけます。

ささやかなものからあなたにすべての祝福がやってきます。ささやかなものとは感謝の気持ちなのです。

Day 289

間接的に犯した悪事でも償わなければならない

・・・

2人の人間が争いをし、いくつかの話しあいを経て合意に達したとします。彼らにとって、この件は決着がつきました。しかし、実は3人目の人が偶然、もしくはその気もないのに争いに立ちあっていて、その犠牲となったとします。天の裁きは、ある日2人のもとにやってきて、「あなた方は有罪で、何らかの方法で償いをしなければならない」と言うのです。

このように、運命は時おりあなたを驚かせるかもしれません。直接的には誰にも迷惑をかけなかったとしても、自分でも気づかないうちに、あなたの行いによって人びとの心を乱したのであれば、あなたは罰を受けます。仕事なり義務なりがあなたに課せられるたびに、それを果たすため、身に覚えがなくてもあなたに償うべき咎《とが》があるのです。ですから、自分に起こったことが不公平だとか、まるで意味をなさないなどと考える必要はないのです。

Day 290

薬の効果は体に培った生命次第・・・

死体にどんな薬を与えたところで、すでに命を失っているのですから、起きあがりはしません。薬の効用がどんなに高くても、生命を失ったものに対しては何の役にも立たないということは明らかです。肝心なのは生命なのですから、あなたが心を配るべき相手は生命なのです。生命を浄化し、強化し、あなたの体全体を自由に巡ることができるようにして、初めて薬の効果が発揮されるのです。

あなたの体のさまざまな働きが緩慢になっていたら、薬は助けにならず、悪くすると、回路を詰まらせてしまうだけかもしれません。

大勢の人が自分の健康に注意を払うことなく、好き勝手に生きています。病気になったら薬さえ飲めばいいと考えています。それは間違いです。薬とは、分別のある行動によって、まず最初に生命そのものが維持されてこそ、その効果を本当に発揮できるのです。

Day 291 一体化というスピリチュアルな実践の原理

・・・

一体化とはスピリチュアル(*訳注)な実践のひとつであり、共鳴の法則という物理の法則に基づいています。

ある創造物と共鳴して振動できれば、あなたはこの創造物を知るだけでなくその性質があなたに伝わってくることでしょう。この創造物と共鳴して振動し、一体化しない限り、これを学び、見定め、これこれこういうものだと宣言したところで、実際にはあなたは本当に理解したとは言えません。同じ波動で振動することで2つの生物は近づき、お互いを知ることができます。

愛も同様です。愛は知識と同じように、ひとつの融合の結果であり、同じ波動で震える2つの生物です。したがって、真に誰かを知るということは真の愛の結果であり、真の愛はまさに同じ波動における調和に他ならないのです。

Day 292

「時間がない」は、怠惰を正当化する便利な言葉

「自分には精神的な修練に捧げるための十分な時間がない。朝は仕事に行かなければならず、出かける前にはたくさんやることがあり、夜は夜で忙しい」などと言う人がいるでしょうが、そう言うなら私はこう答えます。「あなたには調和と光の中にいるための時間はなくても、混乱と無秩序と闇の中にいるための時間は常にあるのですね」と。

人生において確実に来るものがひとつあるとしたら、それは悲しみ、弱さ、失望です。一方確実とは言えないものは幸福、強さ、心の穏やかさです。これはすべての人が悦に入る「時間がない」という言葉のせいなのです。怠惰《たいだ》と無気力を正当化する便利な方法がこれです。集中し、瞑想し、祈り、より強靭になり、より啓蒙を受けるため修練をする時間はありませんか？　では、どのような運命を用意したいですか？

Day 293

交流における法則とは・・・

コンサート中の独奏者は、観衆に彼の才能と閃《ひらめ》きと長時間にわたる努力の果実を見せています。しかし、もしも観衆がその努力について何の意識も持っていなければ、また騒音をたてたり、ただ単に注意を向けていないというだけでも音楽家はそれを感じ、たとえ世界一の巨匠であったとしても全力を出しきることはできません。起こるべき交流があるがままに行われていないからです。

しかし、コンサートホールで独奏者がたったひとつの、魅惑され、歓喜に満ちた視線に出会うということもあります。すると演奏者は、その視線が男性のものだか女性のものだかも特定しないまま、薄暗がりで輝くこの光のために演奏しはじめ、その演奏は素晴らしいものとなるということが起こります。

人はどのような形であれ、その行動と言葉に対しての反応を感じる必要があります。相互性なしには、どのような交流も不可能です。交流こそが生命の原則なのです。

Day 294

スピリチュアルな生き方は困難に出会うことを承知しておく

・・・

スピリチュアルな生き方の理想を育んだからといって、何カ月または何年かであなたがすっかり変われるわけではありません。そして、志を持ったからといって、あなたが決めたとおりに物事が進むとも限りません。本能を自分の意志に従わせる、自己の叡智と理性を勝利させるということは、残念ながらそうたやすいことではありません。その理由は、まさにこの瞬間、あなたの中で他の力が目覚め、あなたの称えるべき計画の実現に対立するからです。そうしたら何が起こるでしょう？　望んでいた通りに、そして望んでいたときに成功できなかったことが分かると、あなたは失望し、気難しくなり、くじけた自分の目標のことで他人に煩《わずら》わしい思いをさせるようになるのでしょう。

あなたがすべき最良の決意は、光の、そして自制の道を歩む以外にありません。それでも、それが困難であることを理解しておいてください。さもなければ、あなたが普通の人生を生き続けていくよりも、さらに困難な人生になるかもしれません。

Day 295

自然は春と朝に生き生きとする

・・・

日没、秋の落葉など、衰退していくものを見る習慣は持たないほうがいいでしょう。もちろん、日没の空は素晴らしいものです。すべての色彩が溶け合い、感嘆せずにはいられません。秋に落葉が風に吹かれていくのを見るのは、深く心地よい憂愁を誘い、移りゆく時に思いを馳せさせてくれます。それがどうしていけないのでしょうか。

信仰と希望の訪れを本当に待っているのであれば、見るべきなのは生まれてくるものや花咲くものです。秋に落葉を見た後で、春の新芽のほころびと花が再び咲くことに心を向けることができますか？　この瞬間にこそ自然は何かしら貴重なものを与えてくれるのです。純粋で活力を与えてくれる空気に浸る必要を感じたら、できるだけ早朝に外に出て日の出を見つめてください。

Day 296

精神修業について口に出さない

・・・

精神修業の務めは、他のどのような務めとも似ておらず、人それぞが持つ、最も深く、最も内なるものに触れる何かです。この務めはしなければいけませんが、していることを語ってはなりません。どのように自分が鍛錬して瞑想するか、そしてどのような結果が得られるかについてしゃべりはじめる人は、自分が何を失うかを知らない無自覚な人です。

ですから、あなたが探し求める光と美の理想に近づくためには、やっていることを全く秘密にしておくことをお勧めします。この務めを秘密にしておくことで、成長するのに必要な推進力や情熱、熱意をあなたの中で保つこともできるのです。

あなたが粘り続ければ、あなたの根気が本物ならば、ある日それが目に見えるようになります。そして誰もがあなたを通して、生命と精神が顕現していると思うことでしょう。

Day 297

神聖なる原理は、私たちの内面でどのように仕えるのか

・・・

人生が進むにしたがって、自分の中にはさまざまに異なる傾向が同居していて、良いものもあれば、それほど良くないものもあると認識するようになります。しかし、認識するだけでは十分ではなく、これらすべての傾向を選り分け、最も気高く、最も建設的だと思えるものに集中する必要性も認めなければなりません。こうしているうちに自分の中に、以前には気づかなかった何かしら光り輝く力強いものが存在していることに気づくようになるでしょう。

この存在とは神聖なる原則であり、あなたを住処《すみか》としています。そして、あなたが奉仕を開始するのを待っています。神聖な法則に奉仕を始めるというのは、最優先されるべき道徳的、精神的な価値基準を毎日発見するということです。

Day 298

無償で受け取るものすべてに無償で与える

・・・

資源にも、美にも、自然が私たちに豊富に与えてくれるものに対して、私たちも何かを与えなければなりません。それがタダでないことに驚きますか？　もちろん、タダなのですが、あなたもまた無償で与えなければならないのです。あなたの持つすべての能力を使って、光と犠牲の道を意識して歩んでいこうと決意をするのです。

そうすればあなたは神聖なる奉公に就き、神はあなたに知性、善良さ、美などで支払いをします。これが、あなたが自然から得るものに対する「支払い」に使う「通貨」となります。天に雇われていない人は何も受け取らず、そのため極貧で払うお金がありません。彼らは食べて、飲んで、呼吸をして、散歩をして、事業を行いますが、遅かれ早かれ債権者、つまり自然の力が身ぐるみ剥《は》がしにやってきます。自ら進んでであろうが、無理矢理であろうが、支払いは絶対なのです。

Day 299 アストラル・ライトには私たちの一挙手一投足が記録される・・・

生きた創造物として、私たちは秘儀の科学が「アストラル・ライト」(＊訳注)と呼ぶ霊気の大海の中にいます。この霊気の実態は非常に敏感で、何もかもがそこに刻まれます。私たちのどんなに無意味な行動でも、ささいな情動でも、頭をかすめただけの思考でも、すべてが跡を残します。それはまるで宇宙の果てまで広がっていく波動のようです。宇宙の果てとは黄道帯の際です。

黄道帯の囲いは象徴的に、顕現した世界をおさめるために神様が引いた境界線を表しています。このような理由で伝統によっては、黄道帯はそのとぐろの中に世界を閉じ込めている巨大な蛇と見なされています。運命というものがこれほど情け容赦ないものなのは、私たちの思考、感情、行動すべてが、良いものであれ悪いものであれ、この霊気の大海に記されているからなのです。私たちはこの大海から逃れることはできず、いつかは記録されたものすべての埋め合わせをすることになるのです。

Day 300

内なる目とは・・・

純粋な生命とスピリチュアル（＊訳注）な視野の明瞭さの関係を理解することは、あなたが良い方向に成長するために必要不可欠なことです。純粋さだけが物事を正しく見られるようにします。こうしてあなたは常に導かれ、忠告を受け、守られているのです。あなたが薄暗い領域に迷い込みそうになると、すぐにあなたの内面の目が、方向を変えなければいけないと忠告してくれます。

躊躇《ちゅうちょ》したり、不安があるときは、この目、この意識があなたに「気をつけないと、そこは沼地で埋まってしまうぞ。そこから先は行くな、来た道を戻れ」と言っている証拠です。次の瞬間、あなたが状況を正すようにすれば、その意識はこう言います。「これで大丈夫だ、正しい道にいる。このまま沿って行きなさい、とても高く、山の頂上に輝く寺院まであなたを連れていってくれるよ。それは聖杯の寺院、天なる祖国なのだ」と。

Day 301

私たちを成長させる宇宙の家族にあなたが属しているという意識

・・・

人は集団的、宇宙的、大宇宙の生活から離れて、独自で個人的な人生を生きる傾向があります。彼らは離れていれば身を守れると思っています。残念ですが、そんなものは幻想です。自らつくりあげる内なる自分が、自分とその魂をありとあらゆる危険にさらすのです。いつでも誰か他の人とともにいるのは無理だとしても、少なくとも思考では一緒にいるべきです。「ワンネス」(＊訳注)は精神科学の最も重要な言葉で、私たちの存在の意義はワンネスです。ひとつの同じ家族に属しているという意識によって、私たちは何か崇高なことをしているという確信を持てるのです。この崇高さは私たちから来ているのではなく、私たちが属している宇宙的な家族から来ているのです。この家族によって私たちは支えられ、時に私たちを襲うこの貧困、孤独、無益さ、虚無の感覚から救われるのです。

Day 302

「夢と現実」の相対的な性格とは・・・

誰かが、自分が追われている悪夢を見ているとします。走って、走って、走った先には目が眩《くら》むような深淵がぽっかりと口を開け、その人は落ちていくのです。なんと恐ろしいことでしょうか。目が覚めてもしばらくの間は、まるで今の夢が現実であるかのように、その人は動揺しています。さて、この経験から引き出せる結論は何でしょうか?

夢を現実と思ってしまうなら、現実を夢と思うこともありえるということです。そして、それこそが賢者のすることです。自分に何が起ころうとも賢者は、「私は苦しんでいる、苦悩の中にいる、追われている感じがする、しかしこれは夢であり、目が覚めればこんなことは跡形も残っていないだろう」と言い聞かせます。

このような理屈を並べ立てたところで苦しむのには変わりはないと考える人もいることでしょう。もちろんそうですが、悪夢を見ている人も苦しんでいるのです。この人たちは悲鳴をあげますが、その反応を起こさせるのは現実ではありません。ひとたび、彼ら自身が覚めればそれが分かります。ですから苦しいときは、「これは現実じゃない」と自分に言い聞かせてください。

Day 303

模範となったときだけ、他人に影響を与えることができる

・・・

もっと忍耐強く、寛大で、誠実で、安定していなければなどと、あなたは何人もの人に言いたいでしょうが、思い間違いをしないようにしてください。他人に目覚めてもらいたい長所をあなた自身が備えていなければ、何をしようと影響を与えることはできないでしょう。言葉であっても、どのような外部からの方法であろうとも、人間を変化させることはできません。そこをよく理解してください。内面の心、魂、精神の中に特別な要素を備えていなければ無理なのです。震動し、放散するこの要素、これこそがあなたの周囲に影響を与えます。そうするとあなたが口を開けなくても、周囲の人は、あなたのすることにならおうとします。たった1日で自分の欲望、低次の本能と手を切れるものではありませんから、その人はすぐにはそうはなれないかもしれません。しかし、あなたの中に何か光って暖かく生きたものがあるということに気づくのです。

この光、暖かさ、生命に圧倒され、人はあなたのようになりたいと願うようになるのです。

Day 304

捧げる前に供え物を清める意味

・・・

天にいる存在や有益な活動に物品を捧げたいと思うなら、まずはそれを浄化してください。というのも、それに触った人や、その傍で起こったことが不透明で不純な霊力の層をつくり、すでに物品はその影響を受けているからなのです。これらの層は膜のように働くため、あなたの思考は邪魔をされて、この物に浸透していくことができません。

ですから香を焚き、呪文を唱えて、その物を浄化することから始め、特定の存在や徳や精神修業の務めに捧げてください。そうすることで物品の用途は定められます。それはまるで、その前に「悪の力立入禁止」の立て札を置いたようなものです。物に光が浸透し、天にいる存在だけがそこに入ることができるのです。

Day 305

創造物の生きた鎖に私たちを結びつける

・・・

創造物の生きた鎖につながることを意識し、創造の上から下へとまわっているエネルギーの流れの恩恵を受けられるようにしましょう。こうしてあなたは高揚、閃《ひらめ》き、叡智、愛、日々の生活に必要な力を受けるのです。「しかし、私たち自身の中にそれを見つけられるのではないでしょうか」と疑問を持つ人もいるでしょう。まさにその通りですが、おそらくそれは長くは続かず、あなた自身でまかなえる分はあっという間に尽きてしまいます。膨大な計画に着手したにしても、その遂行を中止せざるをえないでしょう。最初の輪が、いわば神そのものである生きた鎖に結ばれていなければ、何か素晴らしいことを実現することは不可能なのです。

それは電源が繋がれていないのに、光を灯すことができると信じている電燈のようなものです。それは無理なのです。電流を送るのは電源からであり、電燈は導体でしかありません。実を言うと、望もうと望むまいと私たちは神聖な源に繋がれているのですが、この結びつきを意識しなければなりません。こうすれば私たちは、この源の恩恵を豊潤に受けて、それが自分自身の発展と、私たちの宇宙の創造物の発展とに繋がっていくことでしょう。

Day 306

親とは、地上を去ってもまだ子どものことを考えるもの

・・・

すでにこの世を去ったあなたの家族が、あなたのことを忘れられずに、〝自分がこの世を去った後、どうしているだろう〟とあなたのもとにやってくることがあります。あなたが正しい光の道にいるのを見れば、彼らは幸せで、もしもあなたが後退したり転倒していれば、自分の子どもに裏切られた気分になります。

彼らはあなたを見ながら、自分が生きていたころのいたずらと、あなたに施した教育と示したお手本についても考えさせられます。自分が何を怠《おこた》ったのか、何を誤ったのかを理解し、彼らはあなたの中に入って助言を与えようとします。ゆえに、困難に出会ったり試練をくぐり抜けたりするときにはこの人たちにすがり、助けを求めることができるのです。

Day 307

目に見える、または見えない存在から受ける視線

・・・

理由は分からないけれども、時々、突然喜びや悲しみに襲われることがあります。いろい

ろと説明はつきますが、あなたがきっと思いもしなかった理由を教えましょう。

　今までに、女性であれ男性であれ、道で通りすがりの人にあなたの視線が引き寄せられ、思わず思考なり、愛に満ちた光なりを送ってしまったということがありませんでしたか？

　この人はあなたが自分を見たことなど、気づきもしませんが、それでもあなたが捧げたものを、あなたの目を通して受け取り、その影響を感じたのです。あなたが突然喜びを感じるのは、もしかしたら目に見えない世界の存在が、通りすがりにあなたを見てその愛を投げかけ、あなたの心がそれに打たれたからかもしれません。私たちは、どこにいてもいたるところで目に見える、または目に見えないけれどもひしめく存在に囲まれていて、時には良いもの、時には悪いものを受け取っています。こういうわけで、私たちの状態はいろいろと変わります。

　太陽もまた、私たちに日々、活力の出る波動を送ってくれます。太陽は、私たちの神の姿なので、私たちはこれを通して神そのものが私たちを見ているのだと意識しなければなりません。神を愛するということは、毎日その前に行き、その視線を受けるということなのです。

Day 308

生命から始める努め

・・・

生命……。そう、何よりもまず生命です。あなたが研究をする領域が何であれ、どこで活動をしていようと、生命をその中心に据え、その最も広大で、最も高い次元で見なければなりません。最も重要なところにしっかりと足を据えて初めて、あなたは周囲を探求に出かけることができるのです。

最重要なことに着手しはじめたその瞬間から、あなたのしていることはこの光の恩恵を受けることで、あなたにとって別の意義、別の広がりを持つようになります。知性によって物事をより良く理解できるようになるだけでなく、同時にあなたが再びあらゆるものとの交流に入ったため、魂の浄化のプロセスがあなたの最も深いところで始動します。宇宙全体の精妙な流れと心を通わせ、大宇宙の生命の真っただ中に沈められ、目に見える、また見えない創造物すべてと調和しているこの人生に加わり、あなたの意識の領域は無限に広がり豊かになるのです。

Day 309

「天の父が完全なように、完全でありなさい」について・・・

「あなたがたは、天の父が完全なように、完全でありなさい」と言ったからといって、人びとが天の父の完璧さに達することができるとは、イエスも信じてはいませんでした。しかし、イエスが私たちに見せたのはこの理想なのです。その理想は唯一、私たちの絶対的なものへの欲求を満足させてくれるものなのです。私たちの存在は、いくらかの野心を満たすことだけでは満足しません。私たちは見つからないものを探し、届かないものへと歩みを進め、実現不可能なものに挑戦しなければなりません。こうしてこそ私たちは常に心が躍動し、生き生きとしていられるのです。

宇宙の知性はすべてを見越しているのです。人びとが思わずさまよってしまう袋小路の道に沿っては障害物を設けて道を引き返さなくてはならないようにしますが、行くのが困難であってもそれが正しい道であれば、人は決してその歩みを阻められることはありません。理想が実現不可能なものでもかまいません。理想が彼らの中に存在していることが理想的なのですから。

それは人びととの日々の生活の一部です。そして、そこから人びとは力強さや平和や喜びといった、もっと実現可能なゴールを見つけます。一方、もっと手の届きやすい目標は、人間にこの力と平穏と喜びを失わせるものなのです。

Day 310

タロットの9番目のカード「隠者」に象徴される秘儀参入者

・
・
・

昨今は喜ばしいことで、キャバレーなどの歓楽地でさえ秘儀参入者に出会うことができます。どうやってこの人たちを見分けているのかというと、何のことはありません。彼ら自身が「私は秘儀参入者です」と言っているのです。何人かは秘儀の7段、8段、9段目にも達したと付け加え、そうして無邪気な人や盲目の人は、秘儀参入者に出会って、たった数日間で自分も奥義を身につけさせてもらえる、神の恵みだと喜びに浸るのです。

かつて秘儀参入者は、真剣に探し見抜ける人を除いては知られることのない存在でした。秘儀参入者は自分がそうだとは決して漏らさず、人知れずひっそりといたのです。タロットの9番めのカードである「隠者」は片手にランプを持ち、大きなマントに身を包んで人びとの目から逃れている老人ですが、同様に、これこそが真の秘儀参入者の姿なのです。

Day 311

祈ると自己の頂きに触れ、そこから流れが発生する

・・・

全宇宙であるマクロコスモスになぞらえて創造されたミクロコスモス、これが秘儀の科学の表す人間です。そして天が宇宙の頂上にいるように、人びとの中にもまた天を象徴する頂上があります。この頂上とはそれぞれの人の高次の自己です。望みを叶えてもらうために天に意識を集中させるとき、あなたは自分の存在の頂上に触れ、そこで振動が起こり、その純粋さと精妙さは広がりながら有益な変化をあなたの中に生みます。たとえ望んだものすべてを天から受け取れなくても、あなたはスピリチュアル(＊訳注)な要素である何かを確かに手に入れたのです。

往々にして、あなたの願いは聞き届けられることはありませんが、それはあなたの願いはそれほどあなたのためにはならないと天が考え、与えるのを拒むからです。

しかし、願ったという事実は、あなたが自分の頂上に触れたという意味で有益です。こうして、あなたは高次の力を引き起こすことになり、力は広がりながらあなたの全身の細胞と、あなたの中にいる存在すべてに影響を及ぼし、とても貴重な要素をもたらすのです。

Day 312

真の力を子どもに教える

・・・

子どもによっては、幼くして個性をはっきり表し、他の子どもより自分を強く見せる必要性を感じている子がいます。この子どもたちの持つこの本能を叩きつぶす必要はありません。子どもが力と強さに引かれるのは自然なことです。しかし、大人は子どもを諭し、真の力と見せかけの力とには違いがあると示すべきです。子どもというのは大胆な言葉やハッタリや威嚇《いかく》に簡単に圧倒されるもので、強くありたいという願望は称賛に値しますが、そこにはしっかりとした方向性がたいせつなのだと説明してあげなければなりません。

したがって、子どもが真の力を獲得できるように助け、さらにはそのように仕向けてあげなければならないのです。真の力とは知性と愛と優しさにある力です。本当の教育とは方向性を与えることであり、押さえつけることではありません。もしも押さえつければ、子どもを損なうことになり、子どもは臆病で、恐がりで、ひ弱になって、何に対しても誰に対しても言いなりになってしまうでしょう。それはもっと困ることです。

Day 313

まずは私たちの魂の底に隠された黄金を求めよ・・・

何人もの唯心論者が、頑固一徹に宝探しに身を投じるのを見ると驚きます。この人たちは精霊を強いて、古い書物の中に自分たちの欲望を叶えさせる呪文を見つけたから成功すると信じているのです。しかし実際は、目に見えない世界の精霊たちは、考えられているほど人間に対して善良ではなく、この人たちを騙《だま》すかもしれません。それに精霊は、誰でも助けてくれるわけではありません。

精霊を支配し、言うことを聞かせようと思う人は、素晴らしい美徳を持ち、大きな勇気を見せなければなりません。場合によっては地獄の脅威に立ち向かわなければなりません。宝探しが禁止されているわけではありませんが、それは何を探しているのか、いつ探すのか、どんな決まりにそって探すのかを知って行うべきです。そうでなければ身を滅ぼしてしまいます。

唯心論者は、まず自分の魂の奥に隠されている黄金を抽出する方法を学ぶところから始めてください。この黄金によって豊かになれるだけでなく無敵にもなれるのです。

Day 314

なぜ精神世界を避ける人がいるのか

たくさんの人が地獄の悪魔と杯を合わせることに何の恐怖もないのに、精霊、光、意識の高次の状態となると恐れおののき逃げていきます。心の奥底では、彼らは自分がいまだに気まぐれと欲望の赴《おもむ》くままにいたいのだと感じているのです。だから自分の弱さを見せられ、間違った行動をしたと思うたびに後悔をさせる光に対して、恐れを抱かずにはいられないわけです。

精霊の光を恐れる人たちは、正しくその原因を分析せず、精神世界は精神を不安定にし、家庭や社会生活をないがしろにするように仕向けるなど、さまざまな嘘の理由をでっちあげて、自分たちを正当化しています。自分たちは非の打ちどころのない親であり、市民なのに……と。分かりますね。これは間違いで、真実は、この人たちは自分の低次の性質を制御する気がなく、光はこの性質の最も手強い敵であると感じているために避けているということなのです。

Day 315

大きなロウソクとお香は、祈りが聞き届けられるように焚く

・・・

教会や寺院には、大きなロウソクを灯し、お香を焚く習慣があります。これは焚かれるロウソクとお香は犠牲の象徴、つまり元の材料の状態から、より精妙な物質である光と香りへの変化を表します。信者の祈りとともに天の父のもとに上っていくこの光と香りは、信者が自分の祈りが聞き届けられるよう、自分自身に燃やさなければならないものを象徴していま す。

人が人生で達成する行いに偶然というものはなく、無意味に見えるものにも深い意味が含まれています。ですからロウソクなり、火なりを焚くたびに、あなたは犠牲であるこの現象の深さに心を打たれ、魂と精神が高次の次元にのぼるためには、常に何か自身のものを燃やさなければならないと考えてください。私たちの内面には、積もり積もって燃やさなければならないものがあまりにもたくさんあります。不純なもの、身勝手さ、激情的な傾向など、すべて光を生むために私たちが燃やさなければならない素材です。この光はその後、私たちを置き去りにすることは決してないでしょう。

Day 316

出来事は私たち次第で良くも悪くもなる

・・・

本能的に人は未来図を描き、明日は今日より良いものだろうという希望とともに生きます。しかし、この未来図を描くという行為は、往々にして逃避でしかありません。未来は現在よりましかもしれないという希望をいったいどこで見つけてくるのでしょうか。実のところ、努力もせず希望を持つだけで満足していては、未来はさらに悪くなるだけです。

良いことが外部から来ることは稀です。そうであるなら、棚からぼた餅のようですが。出来事があなたの得になるかならないかを決定するのは、他の誰でもないあなたです。それぞれの出来事には二通りの道があります。ひとつは、今のあなたをより高いところまで引きあげる道、もうひとつは、あなたを貶《おとし》め、転落させる道です。

しかし、叡智と愛と意志をもって努力すれば、あなたは外部の最も不利な条件をも、あなた自身と他の人のための祝福へと変えることができるでしょう。

Day 317

神聖なことへの犠牲は不可欠

・・・

富と権力のためならば人びとは努力をし、犠牲も喜んで払います。しかし、たとえわずかな期間で成功を収めたとしても、何かの出来事は反対の方向へ進むでしょう。そしてすべてを失ってしまうのです。もしも人びとが同じ努力や犠牲を神聖な考えのために費やしたならば、何も失うことがないだけでなく、毎日、何か永遠で不朽のものを手に入れることになるでしょう。

閃《ひらめ》きとは何でしょうか？　それはすべての大宇宙の光の精霊を代表するものです。あなたはこの閃きを通してそれらを愛し、感謝をすることに注意を払ってください。そのお返しに、この閃きを通して彼らの助けがあなたに届くでしょう。

あなたの意志が実現するように願ってください。もしも神聖な閃きを愛するなら、それに忠実ならば、それを育てるならば、あなたのすべての意志が実現するよう集中すれば、それはあらゆる人生の苦難からあなたを支えてくれるでしょう。

Day 318

指導者は生徒のために忍耐の道を選ぶ

・・・

ある人の道徳的かつ精神的価値観に敬意を払い、その人の教えを請うことを決心したからといって、この人をどのように見なし、どのような態度をもって応対するかが分かっているわけではありません。人はまだまだ先入観と利己的な欲望に支配されすぎていて、指導者たちが自分たちに合わせるのが当然だと思っています。これが面倒の種です。だから往々にして、賢人は人の喧噪《けんそう》と情念から離れて生きる選択をするのです。

しかし、真の霊的指導者には叡智からだけでなく、愛からも閃《ひらめ》きを与えられます。指導者はこう考えるでしょう。〝このままでは困難を呼び寄せて、私自身の修行に遅れが出てしまう。しかし、私ひとりで進んだからといってどうなるというのか。兄弟姉妹を闇と疑いと恐れの中に置いては行けない。確かに自由は自由だろうが、彼らを解放するために手を貸さずにいては、私に真の幸福などない〟と。

Day 319

内面の自由こそが真の自由となる

・・・

自由でいたいですか？　それならあなたの思考と感情をより高い次元に引きあげるように努めてください。真の自由とは内なる自由を指しています。もちろん、肉体的な体の自由があることも有難いことですが、この自由は副次的なものだと考えてください。切望する価値がある唯一の自由は内面の自由です。あなたに害を与え、束縛して、寝たきりにしてしまうような思考と感情を持ち続けているのなら、物理的に行きたいところに自由に行けるからといって、いったい何の役に立つでしょう？　このような状態での自由とはいったい何でしょうか？

肉体的な自由に執着して探し求めるのはやめてください。このような自由は往々にして、迷わせ、罠に陥《おちい》らせる危険性を多分に含んでいるのです。その代わりに叡智、愛、真実、正義、善良さを探してください。そうすれば、あなたがどこにいても、どのような状況下にあっても自分が自由だと思えることでしょう。

Day 320

知性に道徳心という性質はない

知性、それ自体は道徳的な配慮は持ちあわせていません。知性は探求し、見つけ、発明し、組み立て、そして組み合わせますが、その発明品がどのように使われるかについては気にもとめません。こういうわけで、研究者たちは知的能力があっても、どのような用途に使われるかは考えもせずに、極端に危険な科学技術の手段を人の手に渡します。知性は発明の父ですが、また使用の父でもありますから。

最初、化学者たちがガスを分離しはじめたとき、誰かがそれを使って何百万もの人びとを滅亡させようと考えるなど、彼らは想像したでしょうか。

心だけが知性の悪影響を改善することができます。もしも知性に対して心がその占めるべき場所を占められないと人類は敗退します。過去に、私たちを凌《しの》ぐ文化文明が存在しましたが、心を無視して知性に優位性を与えたために消え去ってしまいました。知性というものは常に、人を利己心の道、支配の道、不正の道、生き物と自然を隷属させる道へと駆り立てるのです。私たち人類がこの道を行き続け、どんどん強くなる破壊力を沈下させなければ、私たちもまた消え去ることになるでしょう。

Day 321 「私は彼である」という言葉の解釈

・・・

毎日、自分は天から切り離された存在ではないのだということを意識するようにしましょう。そうすればやがて天とあなたの間には、実際何ら距離はないのだと感じるようになるでしょう。こうして意識することでもたらされる結果は非常に重要なものです。何らかの存在と接触すれば、あなたはその善悪の影響を受けます。創造主と交流すれば、徐々に彼のように光あふれて力強く、愛に満ちることでしょう。それまでは、あなたは常に切り離された存在です。神聖な全能の力と切り離された存在は弱いので、あなたは何をしようとも、決して大きな成果を上げることはないでしょう。

ヒンドゥー教の指導者は、弟子に「私は彼である（I am That）」という言葉を繰り返させます。この真理を身にしみ込ませることで、弟子は「彼」、つまり神が存在することを理解するのです。このとき弟子の意識は広がり、広大なものに溶け、「彼」になり、そして「彼」のように奇跡を起こせるようになるのです。

Day 322

人間の魂と動物の魂は同居しうるもの

・・・

人間と動物との関係はいまだよく知られていません。前世の過ちを償うために、人間の魂が動物の体に生きる罰を受けるという証拠を見分けるのは困難なことです。しかし、それは実際に起こります。カルマの法則により、人間の魂は動物の体に一定の期間入れられて、そこで動物の魂を追い払うことなく共生するのです。

何人の暴君が短い間であれ、こうして動物の体で生きる罰を受けたことでしょうか。悪天候にさらされ、毎日食物を探し求めなければならず、常に警戒して、追われ、虐《しいた》げられ、叩かれ、自分が他人に強いたことを経験させられるのです。これが彼らの罰であり、それを理解したときに彼らの魂は解放されます。

人間と、その一時的に結びつけられる動物の魂との間には、相容れない性質の違いがあるということを決して忘れてはなりません。人間の体が解放され、離れていけば、動物の魂は引き続き、自分の生命を生きることになります。

Day 323

千年の知識を再発見できる生き方

・・・

見るべきもの、聞くべきもの、読むべきものは世界中に数多くあります。しかし、自分の存在を変える助けにならない物事にはあまり関係しないように気をつけ、あなたの生き方を改善することに精進してください。あなたの生き方が真の知識を引きつけるのですから。そうでなければ次のようなことになります。あなたは、本、ラジオ、映画、テレビなど考えられるあらゆる手段で知識を積みあげることに一生懸命になりますが、こうやって記憶されたものは長くは保てず、数年後には消えていくでしょう。人生とは記憶に効果的には影響しないのです。ですから、すべては消却され、これらの知識は消え去ってしまうことでしょう。すぐに無くなってしてしまうような知識を得るために時間を費やすことは無駄です。むしろあなたの生き方を改善すれば、真の記憶があなたの中で目覚め、あなたは自分のさまざまな輪廻転生を通して何千年もの間に学んだことを思い出すことでしょう。これを心にとどめて、決して忘れないようにしてください。神聖に生きる人は、自分自身に記録された何千年の知識を、意識を遡《さかのぼ》ることで得られるようになるのです。

Day 324

過ちをくよくよせず、光と喜びの時を思い起こす

・・・

犯した過ちを後悔するのは自然なことですが、くよくよと思い返しては胸を叩き、神の情けを乞おうとしてはいけません。実のところ、この態度では、アストラル界(＊訳注)では相変わらず同じ醜《みにく》さと悲惨さのパターンを再びつくり、それらを増長させるだけです。

失敗して、それを後悔しているのですか？　それも結構ですが、いつまでもくよくよと考え込まないようにしてください。なぜ、どのように、どうして間違った行動をしたのかを理解したなら、光り輝く時を、瞬間を思ってください。おそらくこれまでに経験したことがあるでしょうが、自分が神の子であると、軽やかで、幸せで、世界全体への愛に満ちあふれていると感じたその瞬間です。

この方法で、あなたは喜びと光の状態にある存在たちが再び来訪できる条件を自分の魂に取り戻し、新たに力と祝福を受けることでしょう。

Day 325

監獄と死刑は犯罪問題の解決にはならない

・・・

人間はその本来の傾向によって、誤った行為をした者に罰を与えたがるものです。しかし何を目的に罰しようというのでしょうか。この人が改善するのを願ってなのでしょうか。もしくはただ単に、正義を適用して報復するためでしょうか。

更正する手段を与えず悪人を罰するということは、正義とは言わず復讐です。何人もの人が犯罪人を牢屋に入れることで、教訓を与えているのだと信じきっています。しかし、それは教訓どころか、往々にして以前よりさらに悪くしてしまいます。死刑に処することで粛清《しゅくせい》を行うのだという人もいますが、沼地そのものに何の手も入れずに蚊を絶滅させたとしても、蚊はまたやってきます。分かりますか。こうして私たちの社会では特殊な種類の蚊が飛びまわっているのです。

もう刺されたくないと思うなら、繁殖する条件を残しておいてはいけないのです。

Day 326

一個人の人間の価値は、その成功によってははかれない

・・・

人類全体のためになることをしようと決めた人は、それが成功するか否かを考えてはいけません。その質問は自分の努めに疑問を持たせ、情熱を失わせます。ただ努力するのみ、それだけです。そして歴史は、私たちに人の価値は成功や失敗といた人間社会の基準でははかれないことを教えてくれます。成功したからといって偉人だとは限りませんし、失敗したからといって精神の高貴さが足りないとは言えません。

私たち1人ひとりが神の創造物で、特定の使命を持ってこの地球に降り立ってきました。そしてしばしば、最も大きな使命を背負った人間は、失敗するように運命づけられているのです。しかしそれは表面上のことです。彼らは基盤づくりという最もたいへんな部分を引き受けたのであり、それが他者の成功に繋がるのです。ですから成功した人は、それは自分の前に努力し犠牲を払った人びとのおかげであることを忘れてはなりません。

Day 327

鍛錬とは内なる統一を維持することが重要

・・・

日常生活とは、自分が関心を持っていることと、諸々の活動の連続でエネルギーが散漫になる一方なので、1日の終わりにはもう自分が何をしているのかほとんど分からなくなってしまいます。

しかし、良い方法があります。どこにいようと1日に何度か、少しの間動きを止めて瞑想をして、あなたの真の自己と交流を取り戻す習慣をつけてください。家にいても、職場にいても、路上にいるときでも、この鍛錬をすることを心がけてください。

別に道に座り込んで瞑想をしなさいと言っているのではありません。ただ、店のウィンドウの前で数秒立ち止まったりすることは簡単なのですから、そこで集中して精神を緊張させ、数秒間目を閉じ、何も考えないようにするのです。この瞬間に魂と精神は流れを調整し、内面の統一を取り戻してあなたは穏やかになり、強化された気分になるでしょう。

鍛錬してください。そうすれば、一見無意味に思えるこの行為が、どれほどあなたの助けになるか分かることでしょう。

Day 328　賢人と秘儀参入者の唯一の願いとは・・・

生まれたときから完璧な人はおらず、最も偉大な賢人にしても、秘儀参入者にしても、母親の胎内から神聖な光に包まれて出てきたわけではありません。神聖な道を見つけるために、そして見つけた後はそこからもう離れないために、どれほどの試練と苦悩を通り抜けてこなければならなかったことでしょうか。この人たちでさえ長いこと泣き、すがったのです。

不正、侮辱、裏切りは、賢人や秘儀参入者をそれほど苦しませはしません。彼らが泣き哀願するのは、ひたすら光を受け取り保つためです。そして光のために流された涙は、天使が丹念に集めてくれるのです。

Day 329　勝利の栄誉は常に神にある・・・

低次の自己に対して勝利をひとつおさめたと思っても謙虚でいてください。そして謙虚でいるためには、尽力したのはあなたではなく、あなたに低次の自己を押さえつける力を授けてくれた神だと考えてください。

ひとつひとつの勝利の後に「栄光を称えられるのは私ではなく、神よ、あなたなのです」と言ってください。そうでなければ、すでに多くの人に起こったように、あなたにも傲慢と虚栄の罠に陥《おちい》る危険が来るでしょう。

正しく振る舞った、もしくは良い結果をおさめたから、誉《ほ》められたからというときも、またここで言ってください。「栄光を称えられるのは私ではなく、神よ、あなたなのです」と。なぜかというと、あなたを誉め称えることで、知らないうちに他の人があなたに罠を仕掛けてしまうことがあるのです。これらの賛辞であなたは夢心地になってしまうかもしれません。神の栄光のために努力をしなければならないときに、あなたが賛美を受けたなら、それは神のものだと考えるのです。

この態度によって、あなたは自分が神に仕える者だということを表すのです。あなたの真の栄光は、あなた自身の栄光ではなく神の栄光なのです。

Day 330

正しい方角を見つけるための調整とは

・・・

あなたの周囲、そして世界で起こっていることをじっくりと見てください。肉体と精神の崩壊に出会うのみの道へと人びとが懸命に連れ立っていくケースがたくさん見られることでしょう。何が彼らを忙しくさせ、気晴らしをさせ、楽しませるのか、そしてその欲望をそそるためにちらついているものすべてを見てください。人が最終的に正しい方向を見つけるには多大な調整が必要です。

毎日、あまりにもたくさんのものが人を引きつけ、動揺させ、急《せ》き立てています。それゆえに、私たちがまず試みなければならない作業は見極めるということです。選別するために見極め、そして掘り下げて考え、自分の奥底まで入っていく助けとなる活動に集中して、光を見つけるのです。

Day 331

昼と夜の変化の象徴的解釈

・・・

私たちの存在はすべてが光と闇、昼と夜とが交代することで調整されています。夜は象徴的に目に見えないもの、現れないものの領域で、昼は目に見えるもの、現れるものの領域です。そして現れるものは現れないものに依存しています。これは昼が夜に依存しているのと同じことです。

「昼」に起こる出来事は、「夜」つまり目に見えない間に準備されます。なぜなら物質的な現象は、すべてが非物質的な何かが具現化したものにすぎないからです。透視能力者が未来の出来事を予言できるというのもこれで説明がつきます。この人たちは、すでに目に見えない世界で出来事が創造されるのを見たのです。これらの出来事が物理的な次元に達するには多少の時間が必要ですが、すでに高次に記録されているのですから、必ずそこに到達するのです。

Day 332

叡智と愛は私たちのオーラを使って攻略不可能な砦をつくる

・・・

人が叡智と愛の道から外れると、その体の器官すべての細胞が影響を受け、活力が減少するだけでなく意気消沈し、そうなると病気にかかっても細胞は戦うことができません。将軍は部下に、敵を押し返すために必要な勢いを伝えたいとき、兵は自分に追随することを知っているために、清廉潔白、強さの見本となろうとします。どの領域であろうと同じ法則が実証されます。

「理由は分からないけれど変な感じがして、何をしても疲れるし、イライラするし、何もする気にならない」と誰かが私に言いにきたとします。これは私には明らかなことで、この人は叡智と愛の法則に背いたのです。この法則に背いたことで、この人は自分の防衛機能を弱め、オーラに裂け目をつくり、エネルギーはこの裂け目から逃げていってしまいます。

叡智と愛の道を再び歩くようになれば、この人にとってオーラは難攻不落な砦となることでしょう。

Day 333

ヤコブのはしごは生命の樹の象徴

・・・

創世記には、ヤコブが妻を探してカナンの地を離れたときに、とある場所に着いてそこで夜を過ごしたと書かれています。そこで彼は頭を石の上に置いて眠りましたが、寝ている間、地と天がはしごで結ばれていて、そこに天使が昇降しているのを見ました。こうして彼は、カバラが「生命の樹」と呼ぶ宇宙的な序列についての啓示を受けたのです。

地と天は切り離されてはおらず、その間には満々とした巡回の動きと交流とが存在します。透視能力者は、そこの住人、動物、植物、石の上に降りてきて働きかける存在を見ました。すぐに行ってしまうものもいれば、長いこと残って仕事を続けるものもいました。

現在のところ、これらの創造物とその仕事が現実だと信じる人はごくわずかですが、いつかは人類全体が地と天の間、地球と太陽の間、そしてもっと遠く宇宙のすべて、無限の果てにまでも存在するこの巡回の動きについて意識するようになるでしょう。

Day 334

希望と忍耐は若者と老人

・・・

忍耐は年を重ねた者の特権であり、希望は若者の特権です。若者は希望を持ち、もしも望むものがすぐに来なければ待ちきれなくなります。老人はと言えば、大きな希望を抱くわけではありませんが、忍耐強く待つことを学んでいます。

実のところ、忍耐と希望は両方が揃わなければ意味がありません。希望があれば忍耐はその助けに来るべきで、忍耐があれば希望は遠くないのです。何も望まず、何も待たないのであれば、忍耐強くいる理由なんてないではありませんか！　しかし、忍耐と希望が共に歩めば、年を追うごとに未来は大きく開けるのです。

Day 335

いつまでも進歩し続ける必要性とは

・・・

生き生きとしていたいですか？　だとしたら、できるだけ長い間、自分の成長を願ってください。あなたの中にたくさんの可能性が眠っていて、起こされるのを待っているからです。

どうしてそれを眠ったままにしておくのですか？　いまだ齢《よわい》50か60だというのに、まだそこまでいかない人に会っても、もう亡くなり埋葬されているかのようです。本当ですよ。彼らの上に墓石が立ち、「○○さんここに眠る」などと刻まれているイメージさえ見えます。これはどうしてなのでしょうか。

もしも疲労困憊《こんぱい》であっても、老いが近づいていても、今でも成長すべき部分があり、理解すべきものがあり、試みることがあるのだと自らに言い聞かせて、鈍化も停滞も決して受け入れてはなりません。麻痺していても、死にかけていても、まだ何かしらすることが残っているのです。天に感謝するということが！

Day 336

霊的指導者は、見えないところでも良い影響を与えている

・・・

指導者がいるということが、いったいどれほど役に立つものなのだろうかと疑問に思うのはなぜでしょう？　そこにいてもいなくても、直接的な働きかけがない場合でも、指導者というものはその生徒を導き、霊感を与えるべく努力をしているのです。その視線は生徒たちを観察し、彼らの欠点、弱さ、苦悩を見抜きます。常に直接、彼らに箴言《いげん》をするわけではあ

りませんが、思考を通して指導者は1人ひとりに「勉強し、鍛錬しなさい。もっと忍耐強くいて、もっと寛大で、決してくじけないように」と囁《ささや》くのです。

真理の生徒は、全員が自分の指導者の存在を感じています。彼らの内なる高揚、完璧になりたいという願い、真理への渇望が指導者を呼び、引き寄せるのです。指導者の思考と感情と行動から磁気的な霊力波が発生し、生徒たちは気がつかない間に、指導者のオーラから湧き出る精妙な粒子を吸収しているのです。

Day 337

手といくつかの運動との関連

・・・

私たちの手の動き、もしくは1本1本の指の動き、特に親指は私たちの精神活動に影響しています。実際の動きをいくつか紹介しましょう。

倦怠感に襲われたと思ったら、親指を外にして拳《こぶし》を握って、手を左右に動かし、次いで親指を上下に動かしてください。仕事を始める意欲を起こすには、まずは手のひらを握りしめて、自分の持っているすべての力をコントロールするようにしてください。握り拳をつくるとき、親指は常に外側に、他の指の上に曲げた状態で、拳の中には入れないようにします。

次の動きはあなたのエネルギーを統制し、適切な方向にそれを与えます。左手の親指と人差し指で、右手の5本の指の根本から指先までを軽く握ってください。これらの動きは一見無意味に見えますが、私たちの心理的かつ精神的な生活にとって非常に重要ですから、まじめに行ってください。宇宙全体が私たちの両手に存在しているのです。

手には、私たちが自然の力や、さまざまな天使たちと触れることのできるスイッチのようなものがあるのです。

Day 338

技術進歩は使い方によっては問題となる

・・・

もしも人間が現在行っているような自らの渇望を満たすためだけに技術の進歩を使い、その結果、地球上の存在やその基盤を破壊する危険を犯してなければ、技術の進歩は最も素晴らしいもののひとつだったことでしょう。現在の技術の進歩は本当の進歩とは言えません。月やその他の惑星にロケットを送る技術は、驚嘆以外の何ものでもありません。しかし結局、それは何のためでしょうか。その資源を利用して、地上におけるのと同じように損傷を起こすためでしょうか。宇宙で戦うためでしょうか。それとも宇宙全体を大混乱に陥《おとしい》れるためなのでしょうか。

宇宙を探索したいという願望そのものは、何ら悪いことではありません。しかし、それは地上における正しい態度を見つけてからのことです。人間は何も尊重せず、自分たちを宇宙の主だと思い込み、その好奇心または貪欲さを満足させるためには、すべてをひっくり返すこともやぶさかではありません。いつの日か人類は、この不遜《ふそん》な態度と傍若無人さの代償を払わなければならないということを知っておくべきでしょう。

Day 339

「神の国とその義とをまず第一に求めなさい」について

・・・

イエスは「神の国とその義とをまず第一に求めなさい」と言いました。なぜ、第一に「神の国」なのでしょうか。それは、この王国が完全、隆盛の状態を表しているからなのです。健康、富、美、秩序、自由、平穏、叡智、愛、喜びなど、すべてがそこにあります。だからイエスは「これらのものはすべて与えられます」と付け加えているのです。神の国は、あなたが願いうる他のものすべて、祝福すべてを総括したものなのです。

あなたは〝ああ、権力があったなら、富があったなら、美しかったら〟と願いますが、これらは神の国の個別な面という特性でしかなく、このどれかを特に欲しいと望みをもったとたんに均衡は崩れはじめます。神の国は何よりまず、均衡と調和の状態なのです。特定のものに執着すれば、必然的に他のものをなおざりにし、不均衡の芽が生まれます。私たちの魂、精神、心、知性、体が必要とするものはすべて、この言葉「神の国」に含まれているのです。

Day 340　兄弟愛を育むためのレッスン

・・・

心に大いなる愛を抱く者は誰といても幸せです。この人はすべての人に対して長所と豊かさを見つけ、欠点を見つけ出すのは自分に対してだけです。ところが一般的にはこの反対のことが起こっています。

「他人に我慢がならないと思うのは、自分に対する愛情が十分でないからで、叡智も十分ではない」と思う代わりに、いたるところで誰それが下らないことなり意地悪なことをしたとか言ったとかなどと言いふらすのです。しかし、こう振る舞うことで何か得をすると思っているのでしょうか。誰かにイライラするようになったら、その人の評価のできる部分を探すほうが有益です。

私がここで勧めていることは、とても困難なことだと思うでしょう。確かにそうとも言えます。しかし、容易にできることだけをして、何が望めるでしょう。困難を克服するただひとつの手段は、いつまでも反芻《はんすう》して同じ場所にとどまることではなく、お互いに兄弟愛をもって生きる努力をすることで、手に入れられるものすべてを理解することなのです。

Day 341 私たちは美徳の媒介に過ぎない

・・・

私たちが人生であらわすことのできる美徳は、私たちの仕業によるものではありません。私たちが美徳をつくるわけではないのです。これら美徳は遥か遠く、遥か高くから来ていて、私たちは美徳が肉体を通して具体化している神聖な存在の送信機であり媒介に過ぎません。あなたが善良、寛大に振る舞っているのであれば、それはあなたがこれらの質を得るために努力をし、なおかつ必要とされる要素を持っていて、それが伝達を行うために適した状態だったため、愛の存在があなたを使者として選んだということなのです。誰か他の人が叡智の使者となるべく仕立てあげられるかもしれません。そうすると、さらに他の存在がこの人を通して顕現し、光をふりまくのです。勇気、純粋さ、美など、その他すべての美徳についても同じことです。自然は忠実でそのままですから、それぞれの人をその務め、理想によって確定し、分類して、こうしてそれぞれがその願望が引き寄せた存在の媒介となるのです。

Day 342

滋養を得ることは精神的な鍛錬のひとつ

・
・
・

動物たちがそうであるように、人間も生存するためには滋養を得なければなりません。しかし、動物と違うところは、人間はその意識によって食べるという働きの中に心理的かつ精神的に成長する方法を見いださなければならないということです。さらに言えば、人がこの働きにもっと広く、もっと深い奥行きを与えられない限りは、教養だとか文明だとかと言っても無意味です。

私に言わせればこれはテストです。食べるにあたり、人が啓蒙された意識を持ち、食物に対して感動と感謝の気持ちを持ち、宇宙全体がこれらの果実、野菜、穀物を生産するために貢献し、それによって自分は生を受けているのだということを学べば、その時にこそ文化と文明を唱えることができるのです。

Day 343

神聖な真理は私たちの中で骨肉となるもの

・・・

ある真理を理解するには、耳で聞いても、それを脳にまで入れても、まだ十分とは言えません。それだと真理はまだあなたという存在の周辺にとどまり、あなたの中にまでは浸透していないからです。そのような状態では、いつかこの真理は消滅して、あなたは忘れてしまうことでしょう。

授かった真理を忘れないためには、どうすればよいでしょうか。それは真理をあなたの骨肉とすることです。こうすれば、たとえ記憶を失っても、あなたはこの真理を忘れることはないでしょう。記憶の能力は精神的な面に結びついていますが、記憶が喪失したら知的な面からは、おそらくあなたはもう何も思い出せないでしょう。しかし、より深いところでは、これらの真理はあなたの中にしみついています。そして別の世界に旅立つとき、真理はあなたとともにいて、地上に戻るときも一緒でしょう。この真理は今やあなたの存在の一部となっているのですから。

Day 344

先見の明は高次の自己との一体化によって得られる

・・・

真の透視能力は、あなたという存在の頂点、高次の自己に自分を引きあげることでしか発達させることはできません。毎日、自分はこの高次の自己にたどり着くことができる、いつか高次の自己と一体になることができる日が来ると考えてください。自分をこの高みになるべく長い間維持して、そこから宇宙の深みへと視線を沈めることを続けてください。あなたの高次の自己は全知で、高次の自己と一体化することで、自分で知らないうちに得ているすべての知識が、あなたの意識にまで徐々に降りてきます。突然、自分が理解でき、発見できるようになったと感じられる瞬間が訪れます。そのとき、目が眩《くら》むことでしょう。

唯一現実であるビジョンとは、精神の目がくれるものです。最初は何も見えないように感じるでしょうが、粘り続けてください。毎日高次の自己と一体化しようと努力をすることで、真なる透視への地盤が用意できるのです。

Day 345

悪を無力化する方法・・・

善と悪とを屈服できない敵だと捉えるため、人間は常にその両方に引き裂かれます。自分を強くしてくれ、すべての状況を支配してくれるワンネス(*訳注)に帰ることができないのです。「しかし、私たちには何の責任もない。それが現実だし、私たちは善の力と悪の力の板挟みになっている」と言う人もいることでしょう。

地上にいる限り、あなたはこの問題を解決する必要があり、あなたをその網に捕らえようとしている闇の存在たちに立ち向かうことを学ぶのがひとつの解決法です。しかし、決して暴力的に立ち向かわないでください。それでは闇の存在の力を強化してしまう一方です。誘惑、邪《よこしま》な思考、悪い感情、そういった形に変わって闇の存在たちが近づいてくるのを感じたら、反撃体制に入らず、むしろ「来てくれて非常に嬉しい」と言い、迎えるために光を入れ、あなたの内なる明かりをすべて灯してください。

これらの訪問者は醜くみすぼらしいかっこうをしていて、人からも見られたがらないため、そそくさと逃げ去ってしまうでしょう。あなたの中にある光だけが悪霊に対する反撃になりえます。この光のおかげで、あなたは日に日に内なるワンネスへの道を進んでいくことでしょう。

Day 346

奪うことをやめて愛を与える

・・・

多くの人は、常に奪うことを考えています。行く先々で、奪うものはないかと探しています。奪うために人は学び、働き、結婚し、出会うのです。思考もまた、常にこの方向に向けられています。それゆえ、彼らからは、光り輝くものも、暖かいものも、生き生きしたものも、何も発せられていません。その理由は、彼らには奪う習慣があるからなのです。

愛についても男女が探し求めあうとき、往々にして個人個人が相手から奪うことしか考えていません。男性は女性の生命を吸収しようとし、その逆もあります。そして、もう何も奪うものがなくなると2人は別れるのです。「しかし、2人が結ばれるときには、お互いに何かを与え合っているではないですか?」という指摘もあるでしょう。確かにその通りですがその理由は、より奪いやすくするためなのです。1人ひとりがお互いに何かを貪欲に、身勝手に、平然と引き出すことしか考えていません。愛とはこのようなものではありません。愛とは、高揚であれ、生命であれ、閃《ひらめ》きであれ、相手の魂と心に何かを送ることであり、相手がそのおかげで生き生きとし、光と喜びの中に進んでいけるようにすることなのです。

Day 347 人生が不均衡なとき、私たちは自分を知る

・・・

生きるとは、平らで一様な道ではなく高低があり、穴ぼこがあり、私たちの平衡を脅かし続けます。しかし、こうして平衡を崩しながら行くことで、最も速く進んでいくことができるのです。試練、病気、戦争とは何でしょうか。平衡が失われたということです。この不均衡の中で、良い者はより良くなるための条件を見つけ、意地の悪い者は不幸にして、より意地悪くなる条件を見いだすのです。

人生は混乱を引き起こして人が不均衡の状態に陥《おちい》るようにします。そうすることで人は熟考し、成長しなくてはならなくなります。さもなければ、少なくとも自分をさらけ出し、自分を知るはめになるのです。

立ち向かうべき試練も危険もないとしたら、多くの人が自分のことを知ることなく人生を終えてしまうでしょう。このように、知性があり誠実に見えていたにもかかわらず、あっという間に転んでしまったり、卑怯な行為や犯罪を犯すことになってしまう人もいる一方、無

意味な存在に見えていたのに、英雄か聖人のように現れてくる人もいます。

Day 348

私たちの存在が内面の太陽の周りを回るべき理由

・・・

あなたは均衡、平穏を見つけ出したいですか？　それならば毎日、あなた自身の中の神聖な中心に到達するよう努力をしてください。このときにこそ、あなたの存在のすべての粒子、あなたの内面を巡回するすべてのエネルギーが調和して、神聖なる中心に対して整列し、その周りを公転しはじめるのです。

スピリチュアル(＊訳注)な人生の秘密は、あちこちに散乱した多数の不調和な元素を捕らえて、太陽の周りを惑星が回るのと同じように、あなたの内面の太陽の周りを回らせることにあります。そのときこそ秩序、調和、平穏や神の国について口にすることができます。なぜなら、ひとつの中心、ひとつの太陽、核があって、その周りに他のすべての元素は自分の場所を見いだし、たどるべき軌道を発見したからです。

Day 349

精神的な鍛錬の効果が発揮できる条件

・・・

精神的な鍛錬だけでは無益です。目に見えない世界とそこに住むさまざまな存在、そこを統治する法則、そこに巡回する力についての知識を与えてくれる、ある教えにそって行われて、初めて鍛錬が本当に効果的で有益になるのです。

それよりもっと重要なのは、人間はどのように構成されているのか、人間の器官とは、人間が宇宙の光り輝く領域との交流に入るのを可能にしてくれるスピリチュアルな組織や中心とはいったい何なのか、それらを学ぶことです。

しかし、それでもまだ十分とは言えません。ひとたび知識を会得したら、今度は自分の生き方を変え、秘儀の科学の目標と矛盾する活動には決別する決心をしなければなりません。

ここが肝心であり、それをよく考慮してください。精神性に対する単なる知的理解から抜け出すことができれば、あなたは真の理解をすることができ、この理解は体の隅々の細胞まで浸透するでしょう。そのときには、ひとつひとつの訓練があなたにとって真の意義を持ち、あなたを強化することでしょう。

Day 350 理解はビジョンのひとつの形・・・

「分かった」と言うときに、「見えた」と言われることが時々あります（英語では、理解するというのに、"I see"という表現を使う）。実際、ビジョンにはいくつもの形があって、その適用される次元によって異なる呼ばれ方をしています。最も高い次元では精霊のビジョンが存在し、啓示のように感じられています。このビジョンには当然のことながら物理的、物質的な媒体はなく、往々にして見るいう意識はありませんが、それでも見えているのです。

もしも突然、ある高次の現実がひとつの思考という形であなたに啓示されたならば、それはあなたが自身から放射される線をとても遠く、高くまで投げて投影することができたからで、これらの線のおかげで宇宙の中にある構造、法則、照応を見られるようになったということです。これが精霊の光であり、現実を照らし、その最も高度な面の獲得を許したという意味なのです。

Day 351

祈りは常に聞き届けられる

・・・

祈っても願いは聞き届けられない。祈っても何の役にも立たないと感じていますか？　それは誤りです。

あなたの祈りが本物で、強くて無私のものであれば、祈りは聞き届けられるものです。ただ、それには時間も必要です。あなたが願うことはすぐには実現しないかもしれませんが、あなたはその過程を引き起こしたのです。粘り強く、忍耐強く待っていれば、この過程は綿々としたもので、どんどんと膨らんでいくことでしょう。あなたが祈っているその瞬間に、もうあなたの願いは実現しはじめているのです。ただ、完璧な実現には時間が必要です。土に1粒の種を蒔くと、それが1本の木になるまでには時間がかかりますが、地中では芽が出はじめています。このように願いは確かに聞き届けられているのです。

神の国とその正義を願っていますか？　それらを1日で招き入れることはできませんし、数年かけても無理なこともあるでしょう。その木は巨大で、大きくなるには相当の時間を必要とします。しかし、種はすでに蒔かれているのですから、この木はすでに成長の途上だと言えるでしょう。

Day 352

私たちの中で開閉する扉・・・

扉を開け、そして閉める。この動作がどれほど重要だか考えたことがありますか？　いつ扉を開け、そして閉めるのか知っていますか？　もちろん、日常生活においては分かっているることでしょう。自分たちが出入りするため、もしくは家に来る人に出入りしてもらうために1日中行われていることでしょうから。

私が今話題にしている扉は、あなたの中にある扉のことです。開閉の仕方を学ばなければならないというのは、この扉のことなのです。天なる領域に達したいという希望のため、天使が私たちの中に入ってくるために扉を開け、闇の精霊が侵入してくるのを防ぐため、私たちの精神的な豊かさを保護するために扉を閉めるのです。

私たちの中に、扉はさまざまな形をとって存在しています。私たちの体をとってみてもそれは12個あります。2つの目、2つの耳、2つの鼻の穴、口、2つの胸、臍《へそ》、そしてもっと下にまだ2つ。これらの扉のおかげで、私たちは自分たちを取り巻く物理的な世界との交流に入ることができます。

あまり知られていないことですが、これらの扉には私たちを心霊界と精神世界に導くという役割もあるのです。ですから、いつどのようにこれらの扉を開閉するのか……。これは勉強するには莫大な領域なのです。

Day 353 人間の力は、断る能力にある

・・・

人は神の姿に似せて造られていますから、神と同じ力を持っています。それならば、人はどうしてこうも弱いのでしょうか? その理由は、人は自分の力がどこにあるかを知らないからです。その力は要求し圧倒する能力ではなく、断る強さの中にあるのです。この意味は、世界の誰も、自分がしたくないことを無理にさせることはできないということです。地獄が束になってかかってきて、人をその意志に反して行動させようとしても強制は不可能です。神でさえ人に強制はできないのです。

ですから、もしも人が自分の真なる強さが何なのかを知っていたなら、すべての魅惑と誘惑とに抗《あらが》い、どのような間違った行動もしないでしょう。それでも人が罪を犯すとすれば、それは意志をもって行っているのです。

目に見えない世界にいる闇の霊たちは、人を誘惑し苦しめる力を持っています。神自身が

この力を与えたのです。旧約聖書の「ヨブ記」の最初にある神と悪魔の会話を再読してみてください。しかし、人はいつでも断る強さを持っています。自分の神聖な起源を知らないから、人は悪を前にしてこうも弱くなるのです。

Day 354

自分の中に魂の友を見つけた人は、どこでも友を見つけることができる

・・・

男性であろうと女性であろうと、自分の本当の「ツインソウル（魂の通じあう相手）」にめぐり会えた人、つまり自分自身の相補性原理を見つけたら、人はあちこちで、どの創造物にもこの原則を見つけ出せるようになります。彼らは地上のすべての男性・女性を精神的に愛し、自分に充足感を与えてくれる「ツインソウル」のおかげで幸せです。

何かが欠けているという気持ちは、それを埋めようという願望を常に引き起こすものですが、彼らにはその気持ちはもうなく、出会うもののすべてが自分を豊かにしてくれるだろうと考えるのです。

あなたがこの完全な状態を実現したならば、あなたの相補性原理をすべての創造物に見つけ出すことでしょう。これらの経験は説明がつかず、言葉にできるものでもありません。経

験した人しか理解できません。しかし、そこにいたるまでの道のりのなんと長いことでしょう！

常に苦しみ、失望し、誰かを探し求めても見つけられず、〝ああ、この人だ、ここにいる〟と思っても、少したつとそれは違ったと気づくのです。では、誰か他の人なのでしょうか。実は、それは自分自身の中にあるのだと気づくまで、こうしたことが繰り返し続くのです。しかし、自分の中に見つけたとたんに、自分の外でもあちこちで出会うようになります。

私は肉体の愛、肉体的な結合に背を向けなさいと勧めているわけでもなく、禁止しているわけでもありません。私はただ、もしもあなたが完璧な状態を本当に見つけたいと願っているのであれば、まずあなた自身の中で2つの原理の統一を実現させなければならないと説明しているのです。

Day 355

火は最も強力な浄化手段

・・・

土、水、空気は浄化の手段です。しかし、最も強力な浄化の手段は火です。火に抗《あらが》えるものはありません。それゆえ、秘儀の伝統では、人間は自分を変えるためには必ず火を通らなければならないと教えています。ここで言うのはもちろん、物理的な火ではなくスピリチュアルな火のことです。

心霊界には2種類の火が存在しています。それは苦悩の火と神聖な愛の火です。頑《かたく》なで悪の道から離れたい人は、試練を受けることで熟考することを学び、変化しうるすべての人びとは、必ずこの苦悩の火をくぐらなければなりません。

この苦悩の火から免れたいのであれば、愛の火を用いて自分を鍛錬しなければなりません。そうすることにより、まばゆく輝くようになるのです。地上で試練から逃れる術はなく、人はやはり苦悩を避けることはできないのでしょうが、神聖な愛の火は、苦悩に出会うとさらに強く燃え、この試練を乗り越える助けとなってくれるでしょう。平凡な苦悩の火は人間を隷属させますが、神聖な愛の火は自由を与えるのです。

Day 356

書くという行為の魔法的側面

・・・

書くということは、紙や他の何らかの素材の上に記号や文字を記すということだけではありません。秘儀の科学の字義から言えば、書くということは意志の行為であり、余計なものを捨てる行為です。書くということは何よりもまず、何かを自分自身の判断において、次いで自分の中から出して他人に捧げるということです。書くということは痕跡を残すことであり、哲学者や芸術家たちは素晴らしい痕跡を残した人たちであって、それらは今でも研究対象であり続け、何千年もの昔から、人びとの心の糧となっているのです。

しかし、哲学者や芸術家をさらに超えたところで、偉大な秘儀参入者たちは神聖な魔法や神的秘儀を使って務める真の創造者です。彼らは宇宙空間にいくつかの文字を描きますが、これらの文字は火で書かれていて、いたるところで脳と心の中に刻まれるのです。

Day 357

信仰と信じることとの違い

・・・

信仰とは不合理な感情ではなく、私たちの過去世の経験が魂に刻み込まれたものを基盤としています。そうです。私たち人間の信仰の源は、かつての数多くの人生を通して研究し、実証し、経験したもののすべてなのです。実際に経験したものにしか信仰を持つことはできません。さもなければ、それは信仰ではなくただの意見です。あなたの神への信仰は、あなたが神と心を合わせ、神に触れたことから来ていて、この交流があなたに残した痕跡は非常に強く、あなたはもう疑うことなどできません。神への信仰は、あなたの中にしっかりと刻み込まれたのです。あなたが「この道を行けばあの停留所に着く」と言えるのは、道順を知っているからです。

しかし、ここをこうまわっていけば宮殿と庭園に着くと言いつつ、沼地や断崖などにたどり着いてしまったとすれば、それは、ただ単にあなたが確かな信念に導かれたからではなく、信じる必要に迫られたからです。信じるということは主観的な願望の結果であり、この願いは叶うだろうと思い込みますが、往々にしてそうはなりません。反対に、信仰は絶対的な確信であり、実現へと繋がるのです。

Day 358

物品も神聖な精神を受ける容器

・・・

小さな部屋であれ、大きな家であれ、あなた方が住むいたるところで壁や家具や物には、あなたから発するものがしみ込んでいます。これは、在る、ということの魔法的な側面です。あなた方を取り囲むものすべて、あなたは特に、直接触れる物にエーテル(＊訳注)的な粒子を残していて、この影響には良いものも悪いものもあります。

もしもあなたが絶え間なく否定的な思考や言葉、感情を投射していれば、これらのものは、宇宙の悪いものすべてを引き付ける磁石のようになります。もしもあなたの発するものに叡智と愛がしみ込んでいれば、あなたは自分を取り巻くものに善の霊気を置き、それらのものは光と喜びと健康の導体となります。

これからは、次の訓練をする習慣をつけてください。あなたの家のどこにいても、物に触れるときは注意深く、愛をもって触ってください。そして聖霊に、それらの物にも祝福を広げてもらえるようにお願いするのです。このことを学んでください。「光と清らかさと真理の聖霊よ、これらの物があなたの力を受ける器となり、その道具となるよう、あなたに捧げます」と言ってください。聖霊はあなたの住まいにやってくることでしょう。

Day 359

魂は宇宙的な精霊により身ごもり、神の子どもを産む
・・・

私たちが精神や魂と呼ぶものは、私たちの中の2つの現実であり、創造の2つの大原理と関係しています。それは男性原理と女性原理であり、男性原理の宇宙的精神と女性原理の普遍的魂と呼ばれています。この原理のように私たちもまた創造者で、創造する力を持ってい

るのです。しかし、それにはひとつ条件があります。私たちの精神と魂、つまり私たちの中にある男性原理、女性原理を表現するのに必要なすべての条件と一緒に捧げるのです。私たちを真の創造者に育ててくれる活動は祈り、瞑想、熟考、そして同一化です。自分を高め普遍的魂に入っていきたいと願うため、私たちは自分の精霊と一緒に創造の原材料である光を肥沃なものとします。そうすると私たちの魂は宇宙的精神の種を受け取り、神聖な子どもたちを生みます。それは閃《ひらめ》き、喜び、正義の行い、善の行い、気高い行いなのです。

Day 360

天にいる存在の食物になる

・・・

私たちは毎日、食べ物を食べます。しかし、私たちもまた餌食にされているのだと言っても、皆さん驚かないでください。そうなのです。私たちは他の存在の滋養の糧となっているのです。他の存在とは天使です。天使は私たちの善良な思考、善良な感情、叡智と愛とによって、私たちが閃《ひらめ》くものすべてを摂取しています。天使は私たちのことを、花と実をつける木のようなものだと考えています。しかし、実りを摘みに来ても、天使は私たちの枝を折るどころか、水を撒《ま》き、手入れをして、さらに甘い実をつけられるようにしてくれるのです。

ただ「天使」にも別の種類があります。それは闇の存在、悪魔です。悪魔たちもまた滋養を摂取する必要があり、人間の悪巧み、邪悪な感情などの御馳走に舌鼓を打つのです。彼らは人間のエネルギーをすべて吸い取り、力尽きた人間をそのままに捨て置きます。闇の存在に貪《むさぼ》り食われるほど悲惨なことはなく、天にいる存在の滋養の糧となるほど望ましいことはありません。

ですから、秘儀参入者たちは、「自分たちは毎日、自分自身を天の父に捧げて、彼の糧になるようでなければならない」と言うのです。このイメージを見せることにより、秘儀参入者たちは、人間のスピリチュアル(＊訳注)な理想は天に吸収されることで、天の中に自分の居場所を見つけることだと示しているのです。

Day 361

最も大きな喜びとは神の真髄へと近づけてくれる創造活動

・・・

私たちは、さまざまな状況で喜びを感じるものですが、最も大きな喜びを抱くのは創造活動においてでしょう。というのも、つくることで私たちは神の真髄そのものに近づくからです。神は創造し、神が自分の姿に似せてつくった人間もまたつくることができます。もちろん、人間のつくるものと神のつくるものとでは、規模の違いはまるで比べものになりませんが、原則としてはそこに違いはなく、人も神と同じように創造者なのです。最も大きな喜びは創造活動ですから、最大の喜びを味わえるのは芸術家です。

〝それでは、学者と神秘主義者はどうなのですか?〟という疑問が生じるでしょう。もちろん、学者と神秘主義者も創造者であるという意味で、これもまた芸術家と同じだけ大きな喜びを抱くことができるでしょう。あなたは「これまでに不幸な芸術家を大勢見てきた」と反論しますか? もちろんその通りですが、ここで理解しなければならないのは、芸術家の喜びというのは創造するということそれ自体において感じる喜び、創造活動によってもたらされる喜びです。また、自分の手もしくは感情、願望、思考を用いて何かの創作途上にある人なら、誰であっても「芸術家」と呼ぶことができるでしょう。

Day 362

神が祈りに応える条件・・・

しかるべき仕事から手掛けずに、神を信仰し祈っても意味がありません。庭師だって、土に種を蒔くことから始めています。

「神様、どうか私に愛と知恵と強さと平和と喜びを与えてください」と唱えることに満足している人たちに対して、神はこう言うでしょう。「私もそうしてあげたい。だがそれを与える前に、少なくとも種を植えるべきだ。あなたのしていることはまるで、何の種も苗も植えていない庭師が太陽や雨に野菜や花を育ててくださいとお願いしているようなものなのですよ」と。

「しかし神様、私があなたを呼びさえすればいいと教わりました」

神はこう答えることでしょう。

「そう教えた人は無知で、心霊界の法則が物質界のものと同一であるということを習っていないのです。私は怠け者を喜ばせるために法則を変えることはできません。もしもあなたの祈りに応えてほしければ、まずは霊的修練をすることですよ」

これは多くの人にあてはまりそうな、ちょっと興味深い神との会話です。

Day 363 私たちの中に神の居場所を用意する

・・・

私たちは今日、明日、数週間後、数カ月後、ひいては何年後のための計画を立てます。それはたいへん良いことなのですが、これらの計画の中における神の位置はどうでしょうか。神はこう言っています。

「私はあなたに生と喜びと美を授けた。私はあなたに家族を、友人を、他にもありとあらゆる富を授けた。それなのになぜ、あなたは心の中に私の居場所を用意しないのですか？それでいて、あなたは誰でも受け入れ、その中には身ぐるみを剥がすかもしれない泥棒さえいるではないですか。その後、あなたの存在に何の意義も見いだせなくなったとしても、何ら不思議はありません」と。

人生の意義は決して下界や物質によって与えられることはありません。彼方の上の世界と精霊、人間の神聖さの存在を現している煌《きらめ》き、火、光によって与えられ、それは聖地で祭壇が神の存在を現しているのと同じことです。ですから、あなたの中にも神のための居場所をつくってください。それも仮ではなく、完全な場所にしてください。神の存在を育くむことによって、あなたの人生がどれほど豊かで意義に満ちたものになるかを感じるようになるでしょう。

Day 364

私たちがすべての創造物との間に織りあげるかすかな絆とその結果・・・

あなたの善なる行い、言葉の何ひとつとして失われるものはありません。失われるどころか、あなたの一挙手一投足、一言一言がどこかに波紋を与えているのです。目の前では何も起こらないから信じないかもしれませんが、これは理屈ではありません。あなたは自分の行いと言葉が引き起こすであろう影響、時には、あなたから遥か遠くで起こりうる影響を知らないだけなのです。

あなたが成長すれば、それにつれて成長する人が大勢います。そして、もしもあなたが進歩しなければ、同じくしてたくさんの他の存在の進化を妨害し、光の道を見つけるのを妨げてしまいます。地上と地上を越えたそのもっと遠くまでも、あなたのものと、すべての存在の間に紡がれる精妙な絆がありますが、これを神意によって見ることができれば、あなたは衝撃を受けることでしょう。毎日こうやって、あなた方は絆を紡いでいるのです。ですから、自分の弱さに打ち勝つべく、そしてあなたの中で眠りがちな美徳を覚醒させるための努力を欠かさないことがたいせつなのです。

Day 365

今日は明日の堅固な礎であるべきもの

・・・

「現在」は神の特権です。神は「永遠なる現在」に生き、現在にすべての力を授けるのです。それを知ったうえで、あなた方1人ひとりが、次のように考えなければなりません。〝私はたった今、今日を手にしている。過去は過ぎたもの、そして未来はまだ来ることなく、現在だけが私のものである。だから、さっそく仕事にとりかかろう〟と。ところが、ほとんどの人はどうしているでしょう? 過去を反芻《はんすう》し、未来を夢見ますが、現在についてはというと心は留守であり、どのように生きればよいのかを知らず、逃げて身を任せているのです。

過去は往々にして愛惜と悔恨の対象です。人は楽しかった昔日を名残惜しみ、自分の犯した過ち、選択、決断を責めるのです。未来についてはというと……。今どのように行動したらよいかが分からないのに、どのような未来が予想できるというのでしょうか。未来が幸福でより良いものであればと願いつつ、何が起こるか不安を抱いているのです。今日という堅固な基盤の上に明日の礎を据えることを学ばない限り、いつまでたっても同じことでしょう。

【訳注用語】（アイウエオ順）

＊アストラル界　目に見えない出来事、思考、感情の世界。

＊アストラル体　私たちのエゴや個人的な感情や欲望といったものを代表する体。アストラル体はあらゆる感情を有している。

＊アストラル・ライト　あらゆる見える見えない出来事、思考、感情は記録されている。その記録しているもの。

＊エーテル　基本元素（火・水・地・気）に続く重要な要素で、基本元素よりさらに精妙なもの。

＊エーテル体　私たちの肉体を包むように存在する目に見えないエネルギーのようなもの。エーテルの状態を通して、その人の思考や感情を伝える働きをしている。エーテル・ダブルともいう。

＊基本元素　基本元素とは火・水・地・気で成るすべての物質、非物質を構成するもの。

＊サイキックの宇宙　サイキックの宇宙に対するのが物質世界。サイキックの宇宙にも物質世界のように目には見えないもののさまざまな生物が棲んでいる。

＊スピリチュアル　目に見えない霊的な精神世界のこと。またその状態。しかし、目に見えないとはいえ、その世界は確固として存在し、私たちの生き方や人生そのものに深くかかわっている。

＊スピリチュアルな太陽　物質界と精神世界（スピリチュアル界）があるように、太陽にも物理的な太陽とスピリチュアル的な太陽がある。たとえば目を閉じたときに思いうかべる太陽はスピリチュアルな太陽。

＊第5元素（カンテサス）　基本4元素に続いて重要なエーテルのこと。エーテルは4元素よりもさらに精妙に存在する。

＊ブラザーフッド　個人が意識的に良いことを行う団結した集合体。

＊メンタル体　私たちの一般的な利己的な思考を代表する体。

＊ワンネス　宇宙と私たちは繋がっていて、ひとつの生命体であること。

訳者あとがき

本書の著者であるオムラーム・ミカエル・アイバノフはブルガリアから１９３７年、37歳のときにフランスに亡命し、そのまま余生を過ごしました。アイバノフはブルガリアでピーター・デュノフというスピリチュアルの師匠のもとで、ユニバーサル・ホワイト・ブラザー・フッド**の教えを学んでいましたが、デュノフがアイバノフにフランスで教えを普及するよう指示したのです。当時は精神世界について語ることはとても危険な時代でした。そういう世情が彼の後半生を外国に送ったのかもしれません。フランスに行っても、世界はまだ精神世界を受け入れるに万全な状態とはいえませんでした。そんな中、アイバノフは多くの人に愛を教え、自らを愛の塊とし、人を癒しました。

生前のアイバノフを知る人は、アイバノフが現れるととても幸せな気分になったと言っています。常に愛を与え続けてきたアイバノフは、まさに権現だったのでしょう。

私がアイバノフの本を読んで衝撃を受けたのは、「この地球は必ずや良い方向に進む。だから、そのことを念頭において、光の道の歩みを止めないように」といったフレーズでした。

現在の世界の状態を見ていても、絶望したくなったり、悲しみの底に突き落とされたような気持ちになることが数多くあります。ましてや20世紀を見てみると戦争の時代といってもよいほどで、その中でこのフレーズを繰り返し言い続けていたということに驚きました。世界は私たちの想念でつくりあげられています。その想念のつくり方をアイバノフは自分の人生を通して全身全霊で教えてくれたのではないかと思うのです。

この本は彼の教えをわかりやすく1日ひとつずつ読み進めていけるように作られています。中には少し難解に感じる教えもあるでしょう。目に見えない世界のことを書いているわけですから、読者の方もそれを消化するのは大変なことなのです。しかし、それでもかまいません。毎日少しずつ読んでいくことで、マスター・アイバノフの教えを少しずつ体に心にしみ込ませていただければと思います。

この本にはアイバノフの教えのエッセンスが凝縮されて詰まっています。真の精神世界の探究をすることで、自分自身の中に愛があり、幸せがあるのだということ、そこから自分の人生の意味を考えたり、真の幸せの意味を考えていただけることができれば、訳者としてこれ以上の喜びはありません。

最後に、今回日本語版を出版するにあたり、多くの方々から多大なご支援をいただきました。彼らの支援があったからこそ、この本が出来上がりました。翻訳段階で常にたゆまぬサポートをくれたプロスペータのロベルト・ジーン・タロー氏、ミシェル・ブリッソン氏、PADMEファンデーション・インターナショナルのアニエス・レボピッチ氏、そして、編集では太陽出版の飽本雅子さんに多大なお世話になりました。この場をお借りしてお礼を申しあげます。

2014年3月　田中響子

**ユニバーサル・ホワイト・ブラザーフッドとは、アイバノフの師であったピーター・デュノフが名づけたもので、宗教、人種やその他の区別なく、デュノフの教えである真の精神世界を探究し、学ぶ人たちのこと。

著者紹介

オムラーム・ミカエル・アイバノフ *Omraam Mikhaël Aïvanhov* (1900-1986)

卓越した哲学者でスピリチュアル・マスター（スピリチュアルの指導者)。彼は1937年にフランスに移住し、終生そこで人びとに教えを説いてきた。その教えの著しい一面は、彼が一貫して教える「完璧さの中での人間の成長」というテーマをさまざまな方法で人びとに伝えることができるということである。どのようなトピックで議論をしていても、どのようにスピリチュアルな成熟ができるか、人生をより良い方向に指揮できるか、常に適切に教えてくれる。

著書に "Daily Meditations" "The Book of Divine Magic" ほか多数ある。

ウェブサイト www.prosveta.fr（仏・英語版）
http://prosveta.com/jp（日本語版）

Eメール prosveta.japan@gmail.com

訳者紹介

田中 響子 *Kyoko Tanaka*

兵庫県出身。米国ＳＵＮＹバッファロー校ジャーナリズム科を卒業。キプロスのヒーラー、ダスカロスが教えるエソテリック・ティーチングを学んでいたところ、アイバノフの本に出会い感銘を受け今回の翻訳に至る。

北村 未央 *Miou Kitamura*

日本でフランス文学学士号習得後、フランスにて俳句についての日仏比較文学研究、フランス文学博士号取得。ソルボンヌ大学論文『嗅覚の哲学』の翻訳。武術実践やその精神にも傾倒。化学分野の文献の翻訳なども行う。現在フランス在住。

生命《いのち》の言葉365

2014年4月22日　第1刷

［著者］
オムラーム・ミカエル・アイバノフ

［訳者］
田中響子 & 北村未央

［発行者］
籠宮良治

［発行所］
太陽出版
東京都文京区本郷4-1-14　〒113-0033
TEL 03-3814-0471　FAX 03-3814-2366
http://www.taiyoshuppan.net/
E-mail info@taiyoshuppan.net

装幀・DTP＝森脇知世 / カバーイラスト＝亀井葉子
［印刷］株式会社　シナノ パブリッシング プレス
［製本］井上製本

ISBN978-4-88469-806-5

運命の脚本を書く
～アーキエンジェル・マイケルからの贈り物～

『光の翼』シリーズの実践版。マイケルによる高次元の光のワークは、来るべき時代に向けて私たちが望む変化を簡単かつ迅速に起こす助けとなる。

ロナ・ハーマン＝著　大内　博＝訳

A5判／400頁／定価 本体2,800円＋税

アセンションのためのワークブック
～アーキエンジェル・マイケルからの贈り物～

私たちがいま体験しているアセンションのプロセスを助け、光に満ちた統合へと導く宇宙の叡智の教えによる瞑想法や呼吸法を紹介。

ロナ・ハーマン＝著　大内　博＝訳

A5判／288頁／定価 本体2,400円＋税

新しい黄金時代への鍵
～「愛を生きる」高次元の叡智～

高次元のマスターたちからの情報によって「愛」「叡智」の奥深い原則、アセンションのサイクルや仕組みが分かりやすく解き明かされる。27のエクササイズが新しい未来をつくる。

ミケーラ・コルドー博士＝著　内園かおり＝訳

A5判／384頁／定価 本体2,800円＋税